10歳からの考える力を伸ばす

名画で学ぶ 作文ドリル

全国トップを輩出するイデア国語教室
久松由理

かんき出版

はじめに

AI時代を幸せに生きる力を身につけよう！

これまで日本の学校や進学塾《じゅく》では、知識《ちしき》を暗記する力や、解《と》き方の定まった問題を効率的《こうりつてき》に解く力に長《た》けた子を**「優秀《ゆうしゅう》」**と評価《ひょうか》してきました。でも、こうした力は、もう人間がどう頑張《がんば》ってもAI（人工知能《じんこうちのう》）にかないません。これからは、**AIに真似《まね》のできない、人間ならではの能力《のうりょく》に磨《みが》きをかけた子が「優秀」と評される時代**になるのです。

AIがどんなに発展《はってん》してもカバーできない人間ならではの能力とは、**共感《きょうかん》力《りょく》、想像力《そうぞうりょく》、創造性《そうぞうせい》、コミュニケーション力、学ぶ意欲《いよく》、人間性**などの**「非《ひ》認知《にんち》能力《のうりょく》」**とよばれる力。

これらの力は、私《わたし》たちが豊《ゆた》かで幸せな人生を築《きず》くために欠《か》かせない力として、世界で注目されています。日本でも近年、総合型選抜入試《そうごうがたせんばつにゅうし》など**「非認知能力」を含《ふく》めて総合的に人物を評価する新しいスタイルの大学入試枠《わく》が急《きゅう》増《ぞう》**し、重要視《じゅうようし》されるようになりました。

また、人々《ひとびと》の価値観《かちかん》や社会システムが目まぐるしく変化する予測不能《よそくふのう》なこれからの時代を生きるには、「答えのない問いを考え抜《ぬ》く**思考力**」や「未知の状況に対処《たいしょ》する**判断力**」、「自分の価値を言語化する**表現力**」といった「**新**

学力」も、しっかり身につけておく必要《ひつよう》があるでしょう。

私の教室では十数年前から、アメリカやイギリスの母国語教育を手本に、**読書と作文、哲学《てつがく》、アートを用いた新しい国語教育**を実践《じっせん》してきました。このドリルには、教室生たちがアート鑑賞《かんしょう》を楽しみながら**「非認知能力」と「新学力」をぐんぐん伸《の》ばし、素晴《すば》らしい記述力《きじゅつりょく》を手に入れてきたユニークな思考問題がつめこまれています。**

計算や暗記の勉強ばかりしてきた人にとっては、慣《な》れるまでちょっとむずかしく感じるドリルでしょう。一方、**想像力豊かでクリエイティブな人**にとっては、時間を忘《わす》れて夢中《むちゅう》になれるドリルだと思います。

このドリルに挑戦《ちょうせん》すると、自分のお子さんが、あるいはみなさんご自身が、新時代の学力観《かん》にアップデートできているかどうかがはっきりとわかります。目先の偏差値《へんさち》や順位に一喜一憂《いっきいちゆう》する古い学力観を捨《す》て去り、輝《かがや》かしい未来を創《つく》る新しい時代の学びに全力で舵《かじ》を切っていただく、本書がそのきっかけとなれば幸いです。

イデア国語教室　主宰《しゅさい》　久松由理《ひさまつゆり》

目次

第3章　「想像力《そうぞう》」を磨く
見えないものを見える化しよう

第4章　「創造力《そうぞう》」を磨く
新たな価値《かち》を生み出そう

第5章 「読解力《どっかい》」を磨く
アート鑑賞《かんしょう》を読書につなげよう

カバーデザイン　喜來詩織（エントツ）
本文デザイン　二ノ宮匡（ｎｉｘｉｎｃ）
ＤＴＰ　茂呂田剛・畑山栄美子（エムアンドケイ）
本文イラスト　村山宇希（ぽるか）

このドリルの使い方

このドリルは、身につけたい**「能力《のうりょく》」ごとに5つの章**に分かれており、それぞれの章が ホップ → ステップ → ジャンプ **と3段階《だんかい》のレベルで構成《こうせい》**されています。

ページ順《じゅん》に問題を解《と》いていて、もしもむずかしいと感じたら、その章の問題を無理《むり》して進めず、次の章の ホップ へ進んでください。

ある章は一気に ジャンプ まで書けたけれど、別《べつ》の章は ホップ でも大変だった、ということがあるかもしれません。得意《とくい》な力は人それぞれですから、解きやすい章から挑戦《ちょうせん》してもらってOKです。

問題を解くときの注意点

❶ 書かれていることをきちんと読むこと

解説《かいせつ》や問題文をきちんと読まず、さっと作文問題だけを解いてしまうと、このドリルで身につけてほしい教養《きょうよう》や、文章を読む力が育ちません。書かれていることをすみずみまで読んでから問題にとりかかりましょう。

❷ 自分で答えを書く前に、作文例《れい》を見ないこと

先に作文例を見ると、どうしてもその答えを真似《まね》したり、意識《いしき》したりします。自分なりの作文が書けるまでじっくり考え、発想力や創《そう》造性《ぞうせい》を伸《の》ばしましょう。

おうちの方へ

作文問題には、「これが正解！」という決まった答えがありません。そのためこのドリルでは、私の教え子が実際に書いた作文などを一例として載せています。お子さんが名画からどんなことを感じ、なにを考えたのかを言葉にできるよう、作文例を参考に導いてあげてください。

第1章
観察力
ホップ

絵の中で起きていることを、5W1Hで一文作文してみよう！

「ネーデルラントの諺」ピーテル・ブリューゲル（父）
画像：DEA PICTURE LIBRARY / AGE Fotostock / Cynet Photo

まずは、作文を上手に書くための基本《きほん》、「一文作文」の練習からはじめましょう。

見たことを言葉で正しく表現《ひょうげん》するのは、案外《あんがい》むずかしいもの。ですから、**作文を書く前には「書きたい物事」をじっくり観察《かんさつ》すること**が大切です！

観察するのは、100以上のことわざが描写《びょうしゃ》された**「ネーデルラントの諺《ことわざ》」**という絵画**（巻末《かんまつ》104ページに大きい絵があります）**。この絵を描《えが》いた**ピーテル・ブリューゲル（父）**は、事実を見たままに表現することが追求《ついきゅう》されたルネサンス期※注に、感情豊《ゆた》かな民衆《みんしゅう》の生活を描き「農《のう》民《みん》画家」ともよばれました。

注：ルネサンスは、教会（神）よりも人間を尊重《そんちょう》した古代ギリシアやローマの文化を復活《ふっかつ》させようという運動で、14世紀《せいき》のイタリアにはじまり、16世紀まで西ヨーロッパ各地《かくち》に広がりました。

絵の中には、いろいろなことをしている人がいますね。

この絵の中で起きていることをよく見て、5W1Hで作文してみましょう。5W1Hとは、次の6つです。

5W1Hとは……

WHEN いつ　　**WHERE** どこで
WHO だれが　　**WHY** なぜ、なんのために
HOW どんなふうに　　**WHAT** なにをした

では、絵の中央の㊎の近く「ブタに囲《かこ》まれた男の人」をよく見てください。この男性《だんせい》がしていることを、5W1Hで作文してみましょう。

一文作文の例《れい》

ある日《いつ》、まちの広場で《どこで》、男の人が《だれが》、
ブタにすかれようとして《なんのために》、パラパラと《どんなふうに》、
ブタの前に花をまいた《なにをした》。

こんなふうに、**見たことを言葉にして5W1Hの順《じゅん》に並《なら》べると、きれいな一文になります。**

この男性が表しているのは「ブタの前にバラをまく」というネーデルラントのことわざ。ブタはバラの値《ね》うちを知らないから、あげても意味がない。つまり「価値《かち》のわからない者には、どんな貴重《きちょう》なものも役に立たない」ということです。

知識《ちしき》クイズ

日本にも、これと同じ意味のことわざがあるよ。次の空欄《くうらん》に入る言葉を考えよう。

「豚《ぶた》に A 」
「馬の耳に B 」
「猫《ねこ》に C 」
「犬に D 」

＊答えは左ページ下

では、あなたも絵をよく見て、一文作文してみましょう。

問題

次の①〜⑤の絵は、「ネーデルラントの諺」の中から5人の人物を選《えら》び、それぞれを拡大《かくだい》したものです。

①の人の一文作文例を読んでから、②〜⑤の人がしていることを、5W1Hで作文してみましょう。絵を見てもわからない「なんのために」は、自由に想像《そうぞう》して書いてください。

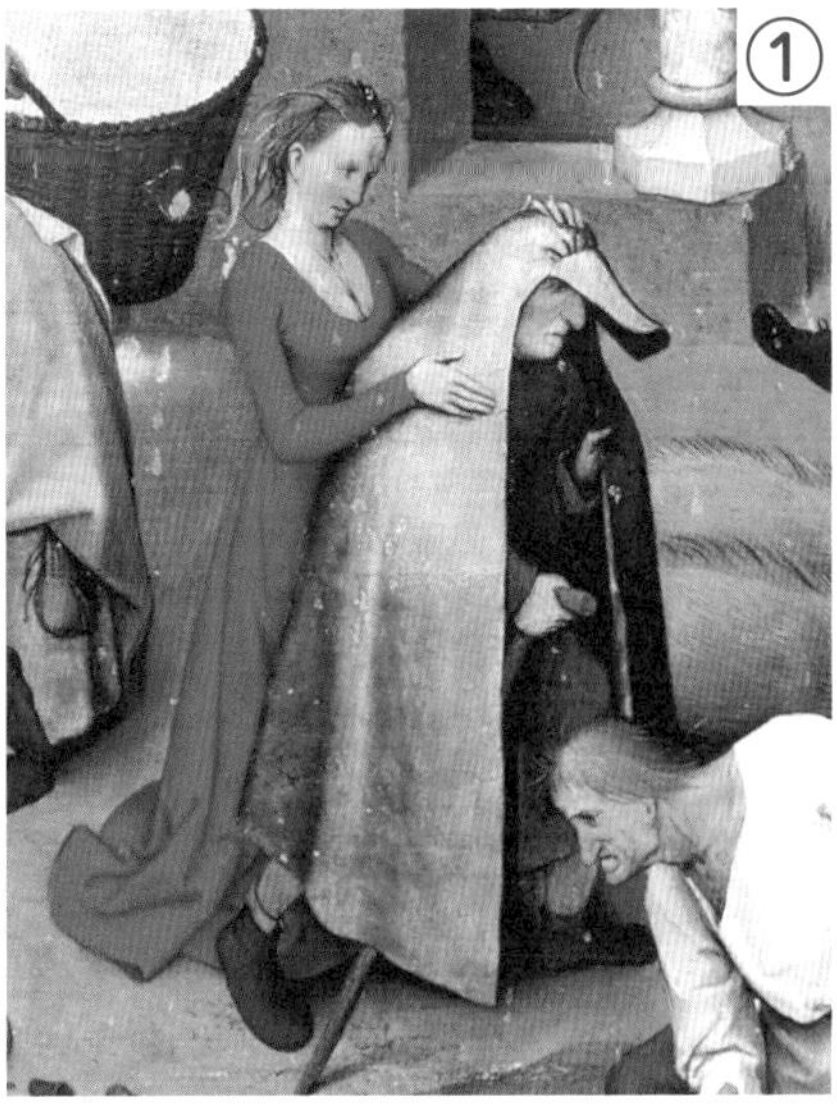

①

①の人の一文作文例

いつ　ある日
どこで　町の広場で
だれが　赤い服をきた女の人が
なんのために（想像《そうぞう》しよう）　男の人が寒そうだったから
どんなふうに　後ろからそっと
なにをした　ブルーのマントをきせかけた。

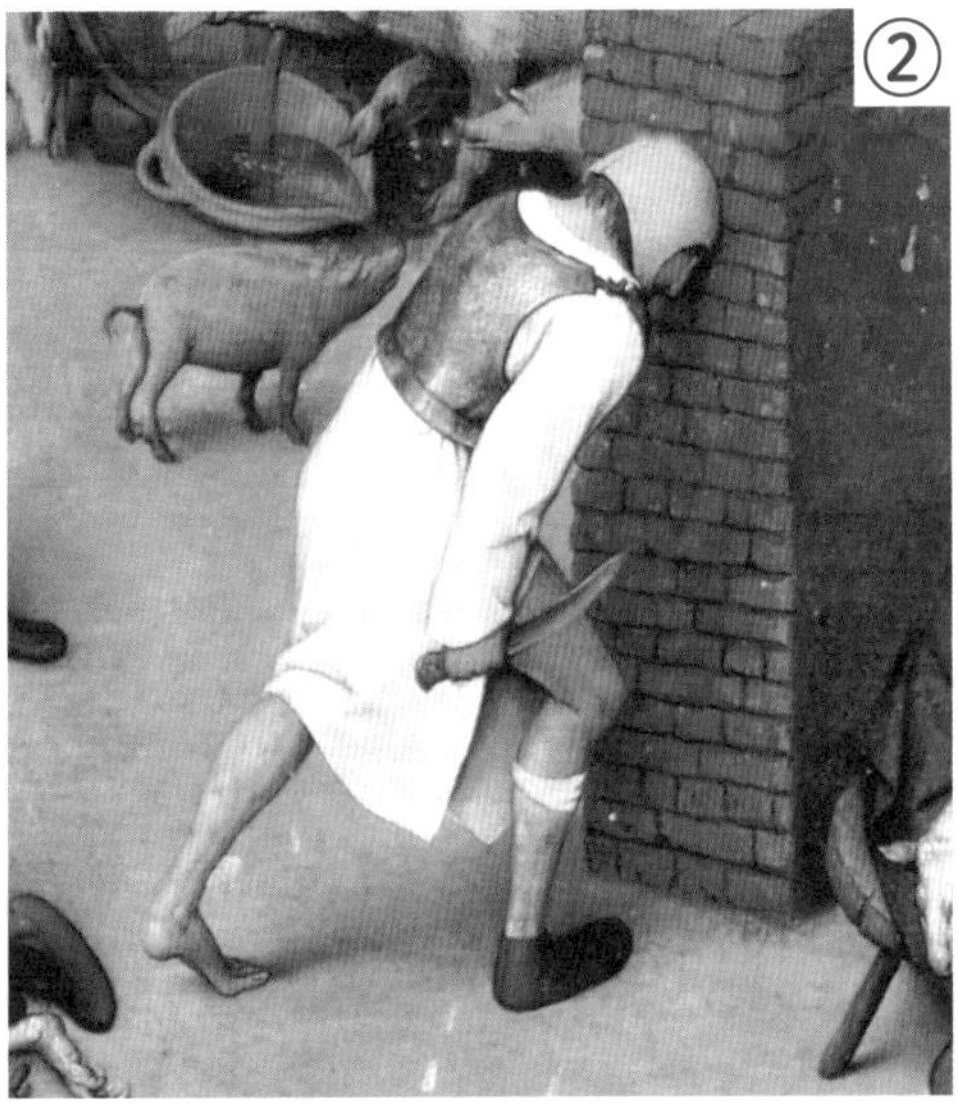

②

②の人で練習してみよう！

いつ
どこで
だれが
なんのために
どんなふうに
なにをした

知識クイズの答え　A：真珠《しんじゅ》　B：念仏《ねんぶつ》　C：小判《こばん》　D：論語《ろんご》

うまく書けましたか？　②の男性は、ネーデルラントのことわざ「かべに頭をぶつける」（無理《むり》なことは無理）を表現しているのですが、見たままを作文すると次のようになります。

②の人の一文作文例1

ある朝、かべの前で、ナイフを持った男の人が、強くなりたいから、必死《ひっし》で、かべに頭を打ちつけていた。

②の人の一文作文例2

ある日、家の前で、片足《かたあし》だけはだしの男が、戦《たたか》いの訓練《くんれん》のため、ぐりぐりと、頭をかべにおしつけていた。

絵を見て感じることはみんなちがうので、「なんのために」の部分は、それぞれ別《べつ》の理由になるでしょう。**これが正解！　という決まった答えはありませんから、見たことが正確《せいかく》に書けていればOKです。**

はじめはむずかしいと感じても、練習を重ねるうちにすらすら書けるようになります。③～⑤の人で、どんどん一文作文を書いてみましょう。

③

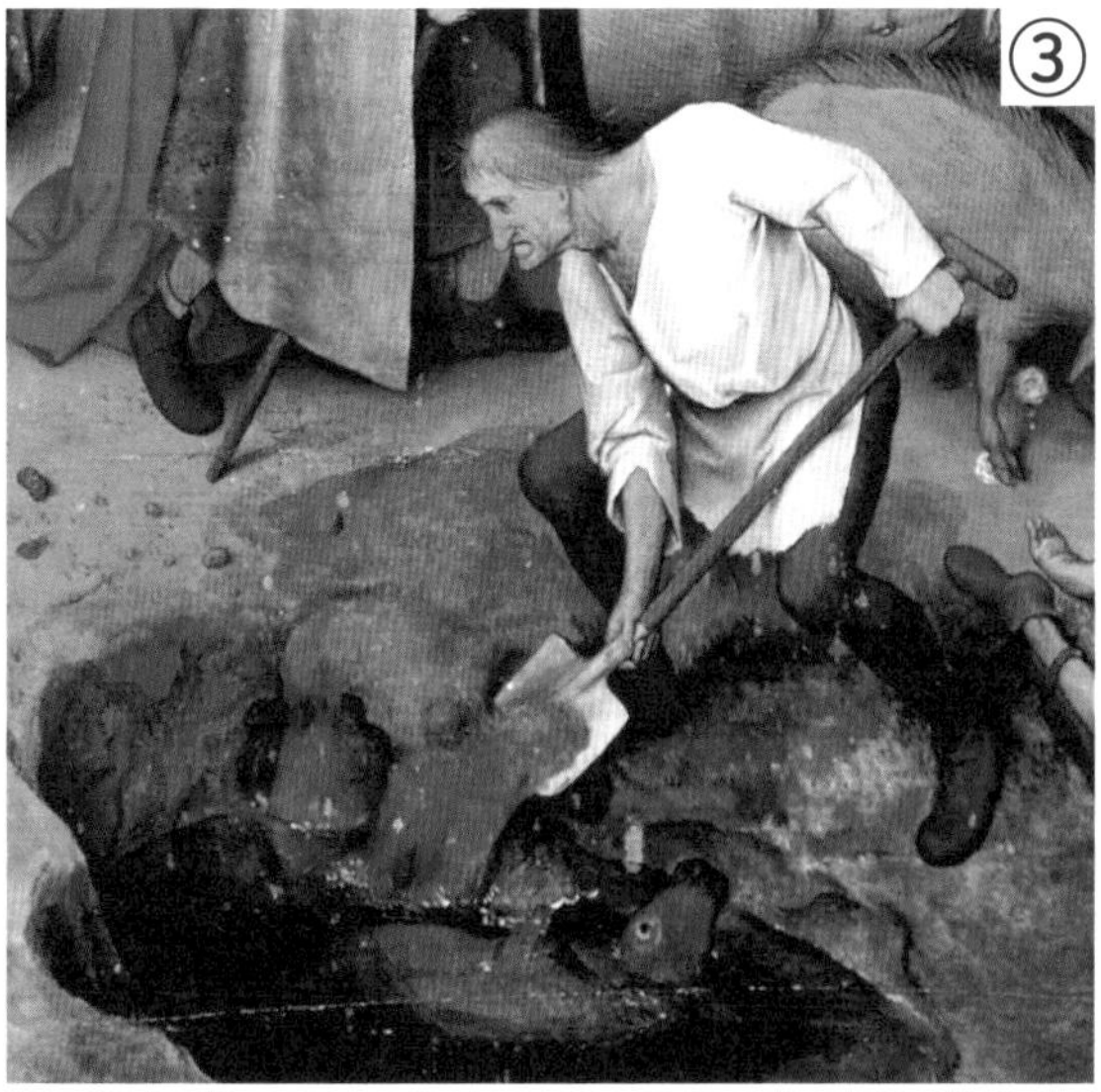

いつ
どこで
だれが
なんのために
どんなふうに
なにをした

④

いつ
どこで
だれが
なんのために
どんなふうに
なにをした

⑤

※左の人について書きましょう

いつ
どこで
だれが
なんのために
どんなふうに
なにをした

さて、みなさんには、③～⑤の3人がなにをしているように見えましたか？

③は**「子牛がおぼれた後に穴《あな》をふさぐ」（手遅《おく》れで意味がない）**

④は**「かゆをひっくり返せば二度と元にもどらない」（取り返しのつかないあやまち）**ということわざを表していて、日本のことわざの**「後の祭り」**や**「覆水盆《ふくすいぼん》に返らず」**と似《に》たような意味です。どの国にも、昔から同じような戒《いまし》めの言葉があるのはおもしろいですね。

⑤の男性が表すことわざは、となりに座《すわ》る「ブタの毛を刈《か》る男性」と対《つい》になっていて、**「一方は有益《ゆうえき》だが、一方は無益《むえき》」**という意味だとか。確《たし》かに、羊の毛は毛糸になって役立ちますが、短くて固《かた》いブタの毛を刈っても、あまり役立ちそうにありませんね。

日本にも「桜《さくら》切るバカ、梅《うめ》切らぬバカ」ということわざがあります。

桜は切り口が腐《くさ》りやすいので、むやみに切ってはいけないが、梅はむだな枝《えだ》を切らないとよい花実《はなみ》がつかなくなるから、剪定《せんてい》（むだな枝葉《えだは》を切り、形を整える作業）をしなくてはいけません。なにを育てるにも、個性《こせい》に応じた手のかけ方が大切だということです。

③の人の一文作文例

ある日、町の広場で、男の人が、地面の穴をうめるために、せっせと、シャベルで土をかけた。

④の人の一文作文例

ある晴れた日、屋外《おくがい》の台所で、男の人が、食べ物を地面にまいてしまったから、あわてて、スプーンですくおうとした。

⑤の人の一文作文例

ある朝、へいの前で、男の人が、毛糸を作るため、しんちょうに、羊の毛をはさみでかっていた。

第1章
観察力ステップ

絵の中の人物と対話して、短作文を書いてみよう！

物事をじっと見ていると、ぱっと見ただけではわからなかったことが見えてきたり、思いもよらなかったことをひらめいたりします。だから、たっぷり時間をかけてなにかを見つめ、考え続《つづ》けることはとても大事なことなのです。

ここでは、**一枚の絵をじっくり観察《かんさつ》し、絵の中の人物と対話する「短作文トレーニング」をしてみましょう。**

観察に使うのは、バロック期※注を代表するオランダの画家、**ヨハネス・フェルメール**が描《えが》いた**「真珠《しんじゅ》の耳飾《みみかざ》りの少女」**。43歳《さい》でこの世を去ったフェルメールの生涯《しょうがい》は謎《なぞ》に包《つつ》まれ、この絵が描かれた年も、誰《だれ》がモデルだったかも、よくわかっていません。だからこそ、見る人が自由に想像《そうぞう》をふくらませることができるのです。

注：バロック期とは、16世紀末《せいきまつ》〜18世紀なかばの西洋芸術様式《せいようげいじゅつようしき》。バロック絵画は、芝居《しばい》のような劇的《げきてき》な描写《びょうしゃ》と豊《ゆた》かで深い色彩《しきさい》、強い明暗法《めいあんほう》などが特徴《とくちょう》。

「真珠の耳飾りの少女」ヨハネス・フェルメール
画像：Mahmoud Younes Mahmoud Ahmed / AGE Fotostock / Cynet Photo

問題

上の絵の少女はなにか言いたげに振《ふ》り向いて、あなたをじっと見つめています。少女はいったいなにを伝《つた》えようとしているのでしょう。絵をじっと見ていると、少女の声が聞こえてくる気がしませんか？
少女との対話を想像して、次の空欄《くうらん》に会話文を書きましょう。

私《わたし》は、［　　　　　　］の描いた「［　　　　　　］」と
だれが描いた？
この絵のタイトルは？
いう絵を見て、絵の中の少女が私に、

「　　　　　　　　　　　　　　　　」

と語りかけているように感じました。

なぜなら、
　　　　　　　　　　　　　　　　からです。

だから、私は少女に、

「　　　　　　　　　　」

と答えました。すると、少女は、

「　　　　　　　　　　」

と言うではありませんか。私は＿＿＿＿＿＿＿＿気持ちになり、

「　　　　　　　　　　」

と言って、絵の前を去りました。

いかがですか？　こんな作文をしていると、まるで自分が絵の中に入りこんでしまったように感じたり、動かないはずの絵の中の人物が動き出したように思えたり、いつもとは一味ちがった絵画《かいが》鑑賞《かんしょう》が体験《たいけん》できますね。

ラピスラズリの原石

ラピスラズリから抽出《ちゅうしゅつ》される青い絵の具
「ウルトラマリン」
画像：Alamy / Cynet Photo

ところで、少女のターバンを描くのに使われている青い絵の具「ウルトラマリン」の原料《げんりょう》は、なんと「**ラピスラズリ**」という高価《こうか》な宝石《ほうせき》の粉《こな》。まずしかったフェルメールがこの青色をふんだんに使えたのは、妻《つま》の母親が裕福《ゆうふく》だったからといわれています。

高価な絵の具で彩《いろど》られたターバンを身につけた少女と、ゾクゾクするような対話をしてくれた教室生の作文を、次のページでご紹介《しょうかい》します。

おうちのかたへ

「真珠の耳飾りの少女」がなにを訴えているか？　という問題は、10年ほど前に東海大学医学部の二次試験（小論文）に出題されました。もしも、小学生がこの問いに挑むなら？　と考えて作ったのがこの作文問題です。

21世紀の新学力である思考力・表現力・想像力などを評価するにはもってこいの「アート観察作文」。今後も入試で出題されることが増えてくるかもしれません。日頃からアートに親しみ、感性を磨いておきましょう。

作文例（小学校5年生）

私は、ヨハネス・フェルメールの描いた「真じゅの耳かざりの少女」という絵を見て、絵の中の少女が私に、

「私、きれいでしょう？」

と語りかけているように感じました。

なぜなら、少女は真じゅの耳かざりをつけ、青と金色の美しいターバンを巻《ま》いて、とてもおめかししているように思えたからです。

だから、私は少女に、

「ええ、あなたはとてもきれいで、耳かざりもよくにあっていますよ。」

と答えました。すると、少女は、

「ありがとう。ほめてくれたお礼にあなたとダンスがしたいわ。絵の中に入ってきてくれない？」

と言うではありませんか。私はちょっとこわいなという気持ちになり、

「じゃあ、ぼくもおしゃれをしてくるね。またこんど会いましょう！」

と言って、絵の前を去りました。

「本の虫」からの図書案内《としょあんない》①

みなさ〜ん、こんにちは。ぼくはイデア国語教室の本棚《ほんだな》に住む「本の虫」。物語を食べて生きる妖怪《ようかい》……いやいや、妖精《ようせい》です。ぼくが食べてきた膨大《ぼうだい》な物語の「食書《しょくしょ》リスト」から、おすすめの本を紹介《しょうかい》するね。

小学校高学年〜高校生向け

『はてしない物語』岩波書店

ミヒャエル・エンデ（著）上田真而子、佐藤真理子（訳）

「真珠《しんじゅ》の耳飾《みみかざ》りの少女」の作文例《れい》で、絵の中に誘《さそ》われるという怖《こわ》〜いセリフがあったけど、それによく似《に》ているのがこの本だよ。

ある少年が読書中、本の中の世界に入ってしまうんだ。想像《そうぞう》を超《こ》える冒険《ぼうけん》の旅にハラハラ、ドキドキ。題名通り、はてしなく長〜い作品だけど、大人になる前に一度は読んでおきたい名作だよ！

小学校中学年以上

「ナルニア国ものがたり」岩波少年文庫

C.S. ルイス（著）瀬田貞二（訳）

こちらは、衣装《いしょう》だんすの中にもぐりこんだら、魔女《まじょ》が支配《しはい》する驚《おどろ》くべき世界が広がっていたというファンタジー小説。「ライオンと魔女」から「さいごの戦《たたか》い」まで、全７巻のシリーズで、映画化もされているよ。原作を読んでから映画を観《み》ると、文章を映像《えいぞう》化する力がついて、より読書を楽しめるようになる！

『ガリヴァー旅行記』福音館書店

J・スウィフト（著）坂井 晴彦（訳）C・E・ブロック（絵）

この本は、医者として働《はたら》いていたガリヴァーが幼《おさな》い頃《ころ》からの夢《ゆめ》をかなえるため航海《こうかい》に出て嵐《あらし》にあい、目覚《めざ》めたら「小人の国」に流れついていたという奇想天外《きそうてんがい》なストーリー。ガリヴァーは、はたして元の世界に戻《もど》れるのかな？ 大人が読んでもおもしろい一冊《いっさつ》だよ。

第1章
観察力ジャンプ

絵を観察《かんさつ》し、自分で判断《はんだん》してみよう

絵を注意深く観察《かんさつ》することに少し慣《な》れてきましたか？　じっくり見ることで、より深く絵を楽しめることがわかってきたのではないでしょうか。

今度は、自分の目で世界を確《たし》かめ、**「物事を判断《はんだん》する力」**を養《やしな》うトレーニング。使うのは、またまた**ヨハネス・フェルメール**の代表作、**「牛乳《ぎゅうにゅう》を注《そそ》ぐ女」**です。

「牛乳を注ぐ女」ヨハネス・フェルメール
画像：Album / Cynet Photo

問題1

この絵をよく観察して、絵についての説明《せつめい》文《ぶん》を書きましょう。絵を見ていない人に、どんな絵なのかを教えるつもりでくわしく書いてください（**巻末《かんまつ》105ページに大きい絵があります**。切り取って観察してください）。

注意すること

①見える事実だけを書いて、想像《そうぞう》したことは書かない。
②全体の構図《こうず》を説明してから、細かい部分を書く。

この絵は、

見たことをどこまでくわしく書けましたか？　いきなり絵の説明文を書きなさいと言われても、最初《さいしょ》はあまりくわしく書けないはずです。細かいところをしっかり見ることができないためです。

見たことを言葉だけで人に伝えるには、自分が思っている以上にていねいに説明をする必《ひっ》要《よう》があります。次ページの作文例《れい》くらいのくわしさで、いろいろな物事を説明できるよう練習してみましょう。

問題1の作文例

この絵は、台所のような部屋で、一人の女性《じょせい》がつぼに入った牛乳を土なべに注いでいる絵です。中心に大きく描《えが》かれている女性の前には、青いテーブルクロスのかかった台があり、その上にたくさんのパンが置《お》かれています。女性は、上半身が黄色、スカート部分が赤いドレスをきていて、スカートの上に青いエプロンをつけています。頭には白い布《ぬの》をかぶり、そではひじの上までまくり上げられています。
女性の後ろは白いかべで、左側《ひだりがわ》に窓《まど》があり、そこから差《さ》し込《こ》む光が女性とかべを照《て》らしています。窓側のかべにはかごなどがかけられていて、床に※小さな木箱が置かれています。

※これはスカートの中に入れて足を温める足温器《そくおんき》

絵の中には、まだ、この作文例でも説明されていないことが残《のこ》っています。見つけてみてくださいね！

説明文は、くわしく書こうと思えばいくらでもくわしく書けます。どこまで長く書けるか挑戦《ちょうせん》してみるのもおもしろいでしょう。**書いているうちに記述力《きじゅつりょく》が身につきますし、観察力もアップするので、文章を読むときの見落としや飛《と》ばし読みが少なくなりますよ。**

ヒント

① 窓《まど》ガラスをよく見てみると……。

② 女性の右肩側《みぎかたがわ》、上方の壁《かべ》にくぎがささっている。影《かげ》の方向に注目！

③ 足温器の後ろの壁のタイルに、なにかが描かれているよ。（巻末《かんまつ》105ページの絵で確認しよう）

さあ、続いてもう1問！　先ほどと同じ絵をよく見て、次の問いに答えてください。絵画の解説書《かいせつしょ》には、この女性は「メイド（召使《めしつか》い）」と書かれていますが、それは本当でしょうか？　**書かれていることを鵜呑《うの》みにせず、一度疑《うたが》って自分の目で証拠《しょうこ》を探《さが》してみましょう。**

問題2

絵の中の女性は本当にメイドでしょうか？　それとも貴婦人《きふじん》でしょうか？　その答えと、なぜそう思ったのかについて作文しましょう。ただし、服装《ふくそう》や部屋の様子で女性の身分を判断してはいけません。女性だけを見て、考えてください。

私《わたし》は、この絵の中の女性が（メイドである・じつは貴婦人である）と考える。

なぜなら、（理由）＿＿＿＿＿＿＿＿からだ。

（理由をさらにくわしく説明しよう）

＿＿＿＿＿＿＿＿

＿＿＿＿＿＿＿＿

＿＿＿＿＿＿＿＿

＿＿＿＿＿＿＿＿

＿＿＿＿＿＿＿＿。

よって私は、この女性が（メイドである・貴婦人である）と判断する。

どうでしょう、自分の目で証拠を探せましたか？インターネット上には、フェイクニュース（嘘《うそ》の記事）が公開されることがありますし、SNSでデマが飛び交《か》うこともよくあります。教科書に書いてあることでさえ、何年も経《た》てば「あれは間違《まちが》いでした」となることだってあるのです。

情報化社会を生きるみなさんは、**見聞きしたことを鵜呑みにせず、それが信頼《しんらい》できる情報なのかどうかを自分で確《たし》かめ、正しく判断する力を持たなくてはいけません。**日頃《ひごろ》から、じっくり物事を観察するよう心がけましょう。

24ページのヒントの解説《かいせつ》

① 上から2列《れつ》目《め》の窓ガラスが割《わ》れていることに気がついたかな。

② 影がくぎの右下に伸《の》びている。ということは、描かれている窓よりも、もっと高い位置に、明かりの入る窓があるのかもね。

③ 見づらいけれど、拡大《かくだい》して見ると、タイルにはキューピッドや長い棒《ぼう》を持つ男が描かれている。それがどんな意味を持つのかは、諸説《しょせつ》あり。

問題2の作文例（中学校1年生）

私は、この絵の中の女性が（メイドである・じつは貴婦人である）と考える。

なぜなら、女性の顔や腕《うで》が黒く日焼《ひや》けしているからだ。女性の腕をよく見ると、ひじのあたりは白いのに、手首に近い方は黒くぬり分けられている。貴婦人なら、日傘《ひがさ》や手袋《てぶくろ》を使うと思うので、このように日焼けすることはないだろう。また、腕の筋肉もたくましく描かれている。

よって私は、この女性が（メイドである・じつは貴婦人である）と判断する。

う〜ん、中学生！　するどい観察眼《がん》ですね。

じつは、この絵の英語タイトルは「The Milkmaid（ザ・ミルクメイド）」。牛の乳《ちち》しぼり作業をする女性を指す言葉なのですが、**描かれている女性は家事担当《たんとう》の使用人だといわれています**。

当時のオランダでは、固《かた》くなったパンを牛乳にひたして食べており、このメイドが作っているのも「ブレッド・プディング」というお菓子《かし》なのだとか。日本では「パンプディング」とよばれ、レシピもかんたんに手に入るので、メイド気分にひたって作ってみてはいかがでしょう。

第2章 思考力 ホップ

事実（見たこと）と意見（思ったこと）を書き分けよう！

次は、**エドゥアール・マネ**の「**笛を吹《ふ》く少年**」という絵を使って「**主観《しゅかん》**」と「**客観《きゃっかん》**」**の書き分け**を練習します。

主観とは……　自分だけのものの見方や考え方
客観とは……　誰《だれ》もが納得《なっとく》するであろうものの見方や考え方

例《たと》えば、「少年はおなかがすいているようだ」「この子はたいくつそうだ」などというのは、あなたが**想像《そうぞう》した主観的な意見**。一方、「少年は笛を吹いている」「少年は赤いズボンをはいている」というのは誰《だれ》から見ても納得《なっとく》できる**客観的な事実**です。

作文ではどんなに主観的なことを書いてもかまいませんが、**国語の記《き》述《じゅつ》解答《かいとう》は「客観的に書かなくてはならない」ものがほとんどです**。どう書けば主観的で、どう書けば客観的なのか、まずはそのちがいを理解しましょう。

問題1

左の絵を観察《かんさつ》し、見ただけで誰《だれ》もがわかること（**客観的事実**）を3つ探して作文しましょう。左の作文例①くらいの長さの一文になるよう、くわしく説明《せつめい》してください。

「笛を吹く少年」エドゥアール・マネ
画像：Album / Cynet Photo

作文例《れい》①

少年が吹いているのは、肩幅《かたはば》くらいの長さの黒い横笛《よこぶえ》で、左右両はしに金色の細い線が入っている。

①

②

③

問題2

次は、**主観的な意見**（あなたが思うこと）を書いてみましょう。

この少年に1曲だけリクエストできるとしたら、あなたはなんの曲を吹いてもらいますか？リクエスト曲を考えて、次の空欄《くうらん》をうめましょう。ただし、少年はどんな曲でも知っていて、演奏《えんそう》できるものとします。

私は、少年に「　　　　」という曲をリクエストします。

それは、（だれの　または　なんの）＿＿＿＿＿ためです。

なぜなら、＿＿＿＿＿からです。

「問題2がすぐに書けた！」という人は、自分の意見を言ったり、発想したりすることに慣れている、つまり、**自分の頭で考えることが日頃《ひごろ》からできている人だといえます**。逆《ぎゃく》に「事実はすぐに書けたけど、意見を書くのに時間がかかった」という人は、考えること、意見を言うことに慣れていないのかもしれません。思考力を鍛《きた》えるために、**見聞きしたことについて「自分だったらどうする？」と考え、自分の意見を言葉にしていく習慣《しゅうかん》をつけましょう。**

問題1の作文例

② 少年は肩《かた》に白いたすきをかけていて、そのたすきには金色の笛のケースと金色のリングがついている。

③ 少年はだぼだぼの赤い長ズボンをはいていて、ズボンの外側《そとがわ》には細くて黒いラインが入っている。

おうちのかたへ
このように、見た事実だけを正しく記述していればOKです。おかしな表現だけ直してあげましょう。

問題2の作文例（小学校4年生）

私は、少年に「幸せなら手をたたこう」という曲をリクエストします。

それは、今苦しんでいる人を元気づけるためです。

なぜなら、アフガニスタンなどでつらいくらしをしている人たちにも、幸せになってほしいと考えたからです。

画像：DEA / G DAGLI ORTI / AGE Fotostock / Cynet Photo

第2章
思考力ステップ

あなたは名探偵《めいたんてい》になれる？プロファイリングで推理《すいり》しよう！

プロファイリングとは、警察《けいさつ》が犯人《はんにん》を探《さが》すときなどに、その人のさまざまなデータをもとに犯人像《はんにんぞう》を絞《しぼ》りこむ手法《しゅほう》のことです。今回は、この絵を使って「プロファイリング」に挑戦《ちょうせん》しましょう。**巻末《かんまつ》106ページの大きな絵を切り取って使ってください。**

問題1 絵をよく見て、わかる事実だけを書き出しましょう。

①

②

③

④

⑤

⑥

⑦

⑧

問題2

問題1で書き出した事実から、この部屋の住人がどんな人物なのかを推理《すいり》し、作文してみましょう。

私《わたし》は、この部屋の住人は、

と推理します。

なぜなら、

からです。

（考えをさらにくわしく説明《せつめい》しよう）

この問題は、前著《ぜんちょ》『国語の成績《せいせき》は観察力で必ず伸《の》びる』にも掲載《けいさい》したので、「見たことがある」という人もいるかもしれません。でも、こうして実際《じっさい》に自分で推理しながら作文してみると、「書く」という作業がすごく頭を使うことだと改《あらた》めてわかりますよね。

こうしたトレーニングがなぜ国語力の向上に役立つのか、くわしいことは前述《ぜんじゅつ》の本に書きましたので、国語の成績を上げたい人はぜひ読んでみてください！

「ひまわり」フィンセント・ファン・ゴッホ
画像：Alamy / Cynet Photo

ところで、**「アルルの部屋（アルルの寝室《しんしつ》）」ともよばれるこの絵、じつはオランダ生まれの画家、「ファンゴッホの寝室」なのです。**ゴッホといえば、あの**「ひまわり」**を描《えが》いた有名な画家ですから、知っている人も多いでしょう。いわれてみればインテリアの色使いに、画家ならではのセンスが光っていますね。

ゴッホは35歳《さい》の頃《ころ》、フランスのアルルという町に移《う》り住み、「黄色い家」とよばれるこの借家《しゃくや》で、画家のゴーギャンと共同《きょうどう》生活をしていました。

2人はたがいの絵に影響《えいきょう》をあたえ合いながら精《せい》力的《りょくてき》に絵を描いていましたが、わずか2ヶ月で大げんか。そのけんかでゴッホは耳を失い、ゴーギャ

「包帯《ほうたい》をしてパイプをくわえた自画像《じがぞう》」
フィンセント・ファン・ゴッホ
画像：Alamy / Cynet Photo

ンは家を出ていきます。

ゴーギャンがフェンシングの剣《けん》でゴッホの耳を切ったという説《せつ》もありますが、ゴッホは自分で耳を切り落としたと言い、その耳を近所の女性《じょせい》に渡《わた》しに行くというおかしな行動をとりました。そのため、精神病《せいしんびょう》とみなされ病院に収容《しゅうよう》されてしまいます。

生きている間、絵が売れることはほとんどなく、37歳のとき、銃《じゅう》で自《みずか》らの命を絶《た》ったとされるゴッホ。今の自分の人気ぶりを知ったら、さぞかし喜《よろこ》ぶでしょうね。

問題1の作文例《れい》

①部屋のかべはうすい青色で、部屋の左右に青いドアが一つずつある。
②部屋の右側には木製《もくせい》のベッドが置《お》かれていて、二つの枕《まくら》がある。シーツは白で、ベッドカバーは赤だ。
③部屋の奥《おく》に緑色の窓枠《まどわく》があり、窓は少し開いている。外が明るい。
④部屋の手前と奥に二つの木のいすがあり、座面《ざめん》は黄色と緑だ。
⑤壁に五枚の絵が飾《かざ》られていて、そのうち二枚は人物画だとわかる。
⑥窓辺のかべには鏡《かがみ》がかかっていて、鏡の前の小さな木の机《つくえ》に水差《みずさ》しやコップなどが置かれている。
⑦ベッドの奥のかべには木製のフックがあり、青い上着三枚と麦わら帽子《ぼうし》が一つ、かけられている。
⑧ゆかは茶色のフローリングで、かなりいたんでいる。

問題2の作文例（中学校3年生）

私は、この部屋の住人は、ちょっと普通《ふつう》の人とは違《ちが》うセンスを持っている男性《だんせい》だと推理します。

なぜなら、部屋の色使いが変わっているからです。かべや扉《とびら》が青いのは借家なら仕方がないけれど、私なら、その青い部屋に緑色のいすを置いたり、赤いベッドカバーを使ったりはしないと思います。でも、これだけ色とりどりの原色を使っているのに部屋がまとまって見えるから、普通ではないけれど色使いのセンスが良《よ》い人だと思います。男性だと思ったのは、洋服が青い上着ばかりだったからです。また、かべに何枚もの絵がかかっていることから、絵画の好きな人だと推理しました。

この作文を書いた教室生は、この絵がゴッホの寝室だとは全く知らなかったのですが、そこに住む人の人物像《じんぶつぞう》として、ぴたりとゴッホの特徴《とくちょう》を言い当てています。すごいプロファイリング力だなあと、感心させられた推理作文でした。

第2章

思考力ジャンプ

絵の中の人物の心情《しんじょう》を読み解《と》こう！

次は1840年生まれのフランスの画家で、「光の画家」ともよばれる印象派《いんしょうは》※注の巨匠《きょしょう》、**クロード・モネ**の絵を使って、人物の心情《しんじょう》を読み解《と》くトレーニングをしましょう。

注：印象派は、1860年代に起きた芸術《げいじゅつ》運動で、現実《げんじつ》をそのままキャンバスに描《えが》こうとしたグループ。明るい色彩《しきさい》を使って、ふんわりと空気に包《つつ》まれた屋外《おくがい》の人や風景《ふうけい》を「印象」として表現《ひょうげん》しているのが特徴《とくちょう》です。

「睡蓮」クロード・モネ
画像：Granger Collection / Cynet Photo

19世紀《せいき》なかばにチューブ入り絵の具が売られるようになり、画家が外に出て絵を描くようになりました。モネも外に出て、**現実の光をどう描くかに挑《いど》み続《つづ》けました**。200枚《まい》を超《こ》える連作「**睡蓮《すいれん》**」はあまりにも有名ですが、モネが晩年《ばんねん》描き続けた睡蓮の池は、パリ郊外《こうがい》の農村・ジヴェルニーに自《みずか》ら造《つく》り上げた理想の庭園「モネの庭」の中にあります。

モネは、時間や天候《てんこう》によって変わる光の印象をキャンバスにとらえようと、55歳頃《さいごろ》から86歳で亡《な》くなるまで、この池をモチーフに作品を作り続けました。睡蓮だけでなく、モネは季節《きせつ》や時間を変えて同じテーマを描く、連作の多い画家です。これから観察《かんさつ》する「**日傘《ひがさ》をさす女**」も、3部作のうちの1作品ですよ。

「日傘をさす女（左向き）」クロード・モネ
画像：DEA / G DAGLI ORTI / AGE Fotostock / Cynet Photo

問題

クロード・モネが描いた「日傘をさす女」は、風に吹《ふ》かれてなにを考えているのでしょうか？
上の絵から彼女の心情を想像《そうぞう》し、その理由もあわせて作文しましょう。

この女性は

と思います。

なぜなら、

（理由をさらにくわしく説明《せつめい》しよう）

からです。

「日傘をさす女（右向き）」クロード・モネ
画像：Artepics / AGE Fotostock / Cynet Photo

妻カミーユと長男ジャンが描かれた
「散歩・日傘をさす女（左向き）」クロード・モネ
画像：akg-images / Cynet Photo

3部作の最初《さいしょ》の作品には、モネの妻《つま》・カミーユと長男・ジャンが描かれていました。

ところが、この絵を描いてから4年後に、カミーユは病死してしまいます。妻の死から7年が経《た》って描かれた「日傘をさす女（左向き）」と「日傘をさす女（右向き）」は、再婚《さいこん》した妻・アリスの娘《むすめ》、シュザンヌがモデルです。似《に》たような構図《こうず》ですが、亡き妻を思って描いたのでしょうか。**後の2作では、モデルの顔がはっきりと描かれていませんね。**

では、この問題に挑戦《ちょうせん》した、小学校6年生の「心情読解《どっかい》作文」を読んでみましょう。

作文例（小学校6年生）

この女性はとても大きな悩《なや》みがあったけれど、心を決めて、また新しい道を歩んでいこうと考えているのだと思います。

なぜなら、物語読解では、人物のまわりの情景《じょうけい》がその人の心情を表すことが多く、絵も同じように読めばいいと考えたからです。この絵の空はさわやかに晴《は》れており、スカーフやドレスのなびき方を見ても、彼女に追い風が吹いているのがわかります。モネは、空の色や風を使って、女性の前向きな気持ちを表現しているのだと思います。


素敵《すてき》な読み解きですよね。

物語を読む際《さい》、**人の心情は「セリフ、行動、情景描写」で読み解きなさい**、といつも教えていたのですが、絵画の読解にそれを応用してくれるとは思ってもいなくて、この答案《とうあん》を見たとき、とてもうれしくなりました。そして、もしかしたらこれは、愛《あい》する妻を亡くして7年が経ったモネ自身の心情なのかもしれない、そんなことを思いました。

一枚の絵から、こんな素敵な作文が生まれるなんて、小学生の感性《かんせい》には驚《おどろ》かされます。

さて、モネがその晩年を過ごし、作品を創作《そうさく》し続けた「モネの庭」は、フランスのパリ郊《こう》外《がい》にありますが、**じつはフランス以外に1か所だけ、「モネの庭」を名乗ることを許された場所が、ここ日本にあります。**

フランス芸術文化勲章を受勲《じゅくん》した庭師《にわし》・川上裕《かわかみゆたか》さんが庭園管理責任者《かんりせきにんしゃ》を務《つと》める、高知県北《きた》川村《がわむら》の**「モネの庭 マルモッタン」**。モネが手がけた3つの庭がそっくりそのまま再現《さいげん》されており、まるで絵の中を歩いているような庭園散策《さんさく》ができますよ。

水の庭では、モネが咲《さ》かせることのできなかった「青い睡蓮（熱帯性《ねったいせい》）」も見ることができます。（青い睡蓮の花期：6月下旬《げじゅん》～10月下旬）

高知県北川村の「モネの庭　マルモッタン」
（https://www.kjmonet.jp/）
画像：田中正秋 / Cynet Photo

「本の虫」からの図書案内《としょあんない》②

やあ、みんな！　作文は快調《かいちょう》に進んでいるかな？

ところで、たくさんの絵を見ていると、だんだん絵だけじゃなく、この絵を描《えが》いたのはどんな人なのかな？ とか、もっと絵を理解するにはどうすればいいのかな？ とか、いろいろ知りたくなるよね。ここでは、絵画鑑賞《かいがかんしょう》をより楽しんでもらうための本を紹介するよ。

小学校中学年以上

「おはなし名画シリーズ」全27巻　博雅堂出版

ここで紹介《しょうかい》する「おはなし名画シリーズ」は、画家の生涯《しょうがい》を知りながら、時代ごとにその作品を楽しむことができる、子どものための大型《おおがた》絵本《えほん》だよ。大人が読んでもおもしろくて、読み終わった後、「こんど美《び》術館《じゅつかん》に行ってみよう！」って気分になるんだ～。ちなみに、この章に出てきた「マネとモネ」は第7巻《かん》、「ゴッホとゴーギャン」は第22巻に収録《しゅうろく》されているよ。　気になった画家の巻から読んでみるといいね！

中学生・高校生向け

『アート鑑賞《かんしょう》、超入門《ちょうにゅうもん》！　7つの視点《してん》』集英社新書

藤田 令伊（著）

中学生・高校生におすすめなのは、こちらの新書！　西洋絵画だけでなく、浮世絵《うきよえ》や現代アートまで幅広《はばひろ》いジャンルの絵の見方を教えてくれる、アート初心者にピッタリの一冊《いっさつ》だよ。とても読みやすくて、アートをぐっと身近に感じることができるようになるから、ぜひ読んでみてね。

第3章
想像力
ホップ

あなたも画伯《がはく》になろう！ この世にいない動物を想像《そうぞう》する

続《つづ》いては、かわいらしい仔馬《こうま》の絵で「想像力《そうぞうりょく》」を鍛《きた》えていきましょう。

左は、ドイツの前衛芸術家《ぜんえいげいじゅつか》、**フランツ・マルク**が描《えが》いた「**青い馬Ⅰ**」という作品です。

マルクは、「青騎士《あおきし》」というドイツ表現主義《ひょうげんしゅぎ》グループの中心人物で、物の形にこだわらない絵で、純粋《じゅんすい》さや超感覚的《ちょうかんかくてき》な（五感で感じられない）ものへの憧《あこが》れをよび起こそうとしました。第一次世界大戦《だいいちじせかいたいせん》で徴兵《ちょうへい》され36歳《さい》の若《わか》さで戦死《せんし》したため、画家としての活動期間はわずか10年ほどでしたが、**純粋《じゅんすい》な心をもつ動物たちをこよなく愛《あい》し、夢《ゆめ》の中で見たような幻想的《げんそうてき》な色使いの絵で、芸術界《げいじゅつかい》に大きな影響《えいきょう》をあたえました。**

「青い馬Ⅰ」フランツ・マルク
画像：Alamy / Cynet Photo

問題1

あなたは、どうしてマルクが現実《げんじつ》にはいない色の馬を描《えが》いたのだと思いますか？　考えたことを書きましょう。

私《わたし》は、マルクが「青い馬」を描いたのは、

と思います。

なぜなら、

からです。

（理由をさらにくわしく説明しよう）

問題2

あなたも、この世にいない色彩《しきさい》の動物を考えて上の枠《わく》に自由に描いてみましょう。そして、動物に名前をつけてください。

私が想像した動物の名前は

「　　　　　」です。

色鉛筆《いろえんぴつ》やクレヨンを使って、動物の絵を描こう！

問題3 **問題2**で、あなたが考えた動物について、説明《せつめい》してみましょう。

私が考えたのは、＿＿＿＿色の＿＿＿＿です。

なぜ、こんな色にしたのかというと、＿＿＿＿からです。

（どんな動物か説明しよう）

マルクの死後、ドイツは戦争《せんそう》に負け、国民《こくみん》の不満《ふまん》が高まりました。そんな中、アドルフ・ヒトラーが「ドイツ人は優秀《ゆうしゅう》であり、敗戦《はいせん》はユダヤ人などのせいだ」と主張《しゅちょう》して、権力《けんりょく》をにぎります。ヒトラーは「青い馬などいるはずがない」と言って、マルクの絵を嫌《きら》いました。そのため、マルクの絵はナチス政権下《せいけんか》（1933－1945）では「退廃芸術《たいはいげいじゅつ》」（道徳的《どうとく》に堕落《だらく》していて、民心《みんしん》を害《がい》するもの）として弾圧《だんあつ》されます。

自由な想像《そうぞう》が許《ゆる》されるのは、世の中が平和であってこそなのです。自由に好きな絵を描いたり、文章を書いたりできることがどれだけ幸せなことなのか、マルクの絵を見るたびに思い出してくださいね。

問題1の作文例《れい》（小学校3年生）

私は、マルクが「青い馬」を描いたのは、こんな馬がいたらいいなあと考えたからだと思います。

なぜなら、青い馬はかっこいいし、やさしそうだからです。マルクは青い馬が元気に走り回るところを見てみたかったんじゃないかな。私も青い馬がここにいればいいのにと思います。私は、この絵を見ると、とても明るくて良《よ》い気持ちになります。

問題2の作品例（上の絵）

私が想像した動物の名前は「カラフルなライオン」です。

問題3の作文例

私が考えたのは、カラフルな色のライオンです。

なぜ、こんな色にしたのかというと、色がきれいだし、かっこよさそうだからです。このカラフルなライオンは、やさしくてゆうかん。どんなことにでも立ち向かっていきます。食べ物はりんごの木のりんごを食べます。ほえれば、国全体にひびくくらい大きな声で、なんでもかみくだいてしまう、とても強いライオンです。

第3章
想像力ステップ

窓《まど》の外でなにが起きているのかな？ 思い浮《う》かべてみよう

続《つづ》いては、**バルトロメ・エステバン・ペレス・ムリーリョ**という、ちょっと舌《した》をかみそうな名前の画家の絵を見てみましょう。ムリーリョは、17世紀《せいき》のバロック期、スペイン黄金時代美術《びじゅつ》を代表する画家で、**宗教画《しゅうきょうが》だけでなく、まずしい人々の生活など風俗画《ふうぞくが》も数多く描いています**。この絵は、そんな風俗画の一枚《まい》、「**窓辺《まどべ》の女たち**」という作品です。

「窓辺の女たち」
バルトロメ・エステバン・ペレス・ムリーリョ
画像：Granger Collection / Cynet Photo

問題1

左の絵の女性《じょせい》たちは、窓の外のなにを見て笑っているのだと思いますか？　窓の外で起きていることを想像《そうぞう》し、絵に描いてみましょう。

問題2 窓の外で起きていることを、文章でも説明《せつめい》してみましょう。

窓の外では、

と思います。

なぜなら、

からです。

問題3 窓の外を見ながら、2人はなにか会話をはじめました。いったいどんな会話をしているのか、想像して書いてみましょう。

女性A「　」

女性B「　」

女性A「　」

女性B「　」

女性A「　」

女性B「　」

みなさんは、窓の外にどのような光景《こうけい》を思い描き、どんな2人の会話を想像しましたか？
見る人の数だけちがった想像が広がる、とてもおもしろい絵でしたね。
ムリーリョには10人近い子どもがいたのですが、疫病《えきびょう》などで次々《つぎつぎ》と亡《な》くなり、成人《せいじん》したのは3人だけだったそうです。だからでしょうか。ムリーリョの絵を見ていると、その対象《たいしょう》である子どもたちに愛情溢《あいじょうあふ》れる眼差《まなざ》しが注がれているように感じます。

問題1の作品例

問題2の作文例

窓の外では、少女が朝、窓から投げたパンくずを食べるために、小鳥たちが集まっているのだと思います。

なぜなら、二人の表情《ひょうじょう》がなにか可愛《かわい》いものを見ているような感じだからです。また、窓わくにほお杖《づえ》をついている少女に光が当たって明るいことから、午前中か午後の早い時間の出来事だと思い、小鳥だと考えました。

問題3の作文例

女性Ａ「見て見て母さん。朝、私が投げたパンくずに小鳥たちが集まっているわ。」

女性Ｂ「あら、ほんと。なんてかわいいのかしら！」

女性Ａ「大きいパンくずを取りあって、けんかしているのよ。」

女性Ｂ「まあ、小さいのに大きい鳥にけんかを売るなんて、くいしんぼうね。」

女性Ａ「こんなかわいい子たちが来てくれるなら、明日から毎日まいてみましょう。」

女性Ｂ「いいわね！　ぜひ、そうしましょう。」

第3章
想像力ジャンプ

卵《たまご》から生まれてくるものを「透視《とうし》」しよう！

次は、現実《げんじつ》にないものを描《えが》いて、見る人に不思議《ふしぎ》な感覚《かんかく》をあたえるシュルレアリスム（超《ちょう》現実主義《げんじつしゅぎ》）の画家、**ルネ・マグリット**の「**透視《とうし》**」という作品を観察《かんさつ》してみましょう。

透視とは、超能力《ちょうのうりょく》の一つで、見えるはずのない遠くの光景《こうけい》や隠《かく》されたものを、まるで見てきたかのように感じ取ることです。

左の絵の男性《だんせい》は、テーブルの上の卵《たまご》を見つめながら、キャンバスに鳥の絵を描いています。

どうやら、**卵から生まれてくるのがこんな鳥であると「透視」したようですね。**

シュルレアリスムの絵画では、こんなふうに、普通《ふつう》では起こり得《え》ない変わった状況《じょうきょう》が描かれるため、私たちは奇妙《きみょう》で幻想的《げんそうてき》なものを見たときに、「シュールすぎる」「なんてシュールなの！」などと言うようになったのです。

ところで、この男性の透視が合っているかどうかは、卵が孵化《ふか》するまで誰《だれ》にもわかりません。みなさんも、この男性のように**超能力を発揮《はっき》して、この卵からなにが生まれてくるかを「透視」してみましょう。**

問題1

左の絵を見て、あなたはこの卵から、なにが生まれてくると思いますか？ 空欄《くうらん》に書きましょう。

「透視」ルネ・マグリット

私は、この卵から［　　　　］が生まれてくると思う。

問題2 あなたが透視した通りになったとしたら、生まれた生き物をどうしますか？　どうしてそうするのかという理由とあわせて書きましょう。

私は、その（なに）［　　　　］を（どうする）［　　　　］

なぜなら、［　　　　］

からだ。

問題3 あなたが**問題2**の行動をした後、ちょっと困《こま》ったことが起こりました。それはどんな困りごとですか？　あなたはその問題を解決《かいけつ》するためにどんな行動に出るでしょうか？　現実にはあり得《え》ないシュールなお話を書いてみましょう。

卵から生まれた　　　　　　を　　　　　　　あと、

ちょっと困った問題が起きた。それは、　　　　　　　　　　

　　　　　　　　　　　　　　　　　　ということだ。

そのせいで、私は　　　　　　　　　　しまった。

私はその問題を解決《かいけつ》するため、　　　　　　　　

　　　　　　　　　　　　　　　　　　ようとした。

しかし、

※それぞれの作文例は56〜57ページにあります。

おうちのかたへ

絵を見せ、物語の最初のほうだけこうして誘導してあげると、後はお子さんの想像力で、いくらでもお話が続いていくはずです。自分で書きはじめたら、途中で創作の手を止めないようそっとしておきましょう。

「本の虫」からの図書案内《としょあんない》③

この章のホップでは、アドルフ・ヒトラー率《ひき》いるナチスドイツ政権《せいけん》に弾圧《だんあつ》されたマルクの絵を観察《かんさつ》したよね。ナチスは芸術《げいじゅつ》だけでなく、国ぐるみでユダヤ人を迫害《はくがい》し、大量《たいりょう》虐殺《ぎゃくさつ》した（ホロコーストという）んだよ。

20世紀《せいき》なかばのヨーロッパでいったいどんなことが起きていたのか？　そして、人々《ひとびと》はそのとき、何を考え、どう行動したのか？　このページの本で、「人はどう生きるべきか」を考えてみよう。

小学校中学年向け

『アンネ・フランク物語』 講談社青い鳥文庫

小山内 美江子（著）平澤 朋子（絵）

ナチスの迫害を逃《のが》れるためオランダに移住《いじゅう》し、13～15歳《さい》の2年間を隠《かく》れ家《が》に潜《ひそ》んで暮《く》らした少女アンネ。アンネが隠れ家で綴《つづ》った日記は、彼女の死後、生き延《の》びた父親によって出版《しゅっぱん》され、世界中で話題となったよ。

小学校高学年～中学生向け

左 **『アンネの日記 増補改訂版《ぞうほかいていばん》』** 文藝春秋

アンネ・フランク（著）深町 眞理子（訳）

右 **『杉原千畝《すぎはらちうね》物語―命のビザをありがとう』** フォア文庫

杉原 幸子、杉原 弘樹（著）杉原 美智（解説）

迫害を逃れるため国外脱出《だっしゅつ》を懇願《こんがん》するユダヤ人に対して、政府の命令に背《そむ》いて「ビザ」を発給し続《つづ》けた日本人外交官がいたって知ってる？ 6000人の命を救った、愛と感動のノンフィクションを読んでみてね。

高校生向け

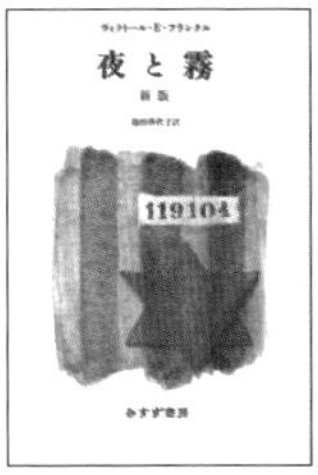

『夜と霧《きり》　新版《しんぱん》』 みすず書房

ヴィクトール・E・フランクル（著）池田 香代子（訳）

ナチスに迫害され、アウシュビッツ収容所に収容されながらも生き延びた心理学者がいたんだ。収容所での日々の内面を克明《こくめい》に綴り、「人間とはなにか」を世に問うた世界的ロングセラーがこちら。高校生になったら、ぜひとも読んでほしい一冊《いっさつ》だね！

問題1の作文例

私は、このの卵からヘビが生まれてくると思う。

問題2の作文例

私は、そのヘビを大事に育てる。なぜなら、そのヘビには親がいなくて、たよれるのは私だけだと思うからだ。

問題3の作文例

卵から生まれたヘビを育てたあと、ちょっと困った問題が起きた。それは、ヘビが完全に私を母親だと思っていて、どこにでもついてくるということだ。

そのせいで、私は友達《ともだち》からこわがられ、だれも遊んでくれなくなってしまった。

私はその問題を解決するため、ヘビに鏡《かがみ》を見せ、私とちっとも似ていないことを説明して、親子でないことをわからせようとした。

しかし、ヘビはいっこうにわかってくれない。それどころか、鏡にうつったヘビはどんどんコピーされ、鏡の中からうじゃうじゃ出てくるではないか。仕方がないので、私はヘビたちをつないで縄《なわ》をつくり、一人で縄とびをして遊ぶことにした。

私が二重とびや交差とびを始めると、ヘビたちは目が回ったのか、どこかににげて行ってしまった。

私は、ヘビの母親役から解放されてホッとし、納屋《なや》から自分の縄を取り出してきて縄とびの練習を続《つづ》けた。すると、どうだろう。さっきまで重いヘビの縄を回していたためか、普通の縄がうそのように軽く感じられ、どんな技《わざ》も簡単《かんたん》にこなせるようになっていた。

それ以来、私はすっかりクラスの人気者になり、縄とび大会でも優勝《ゆうしょう》続きだ。私は自分を母としたっていたあのヘビのことを今でもときどき思い出す。もう一度会えたなら、今度はヘビの気がすむまで、うんとあまえさせてあげよう。そして、いつまでもいつまでも一緒《いっしょ》にいよう。

第4章
創造力
ホップ

対立する意見を結《むす》びつける「弁証法的《べんしょうほうてき》思考」に挑戦《ちょうせん》！

さあ、続《つづ》いても、**ルネ・マグリット**の奇妙《きみょう》な絵を見てみます。この絵は「**ヘーゲルの休日**」という作品。マグリットは、自分の作品にどんなタイトルをつけるかに大変《たいへん》こだわった人で、友人と議論《ぎろん》までして考えていたそうです。この絵の場合は「哲学者《てつがくしゃ》のヘーゲルが見たら、これに魅惑《みわく》されるか、休日のようにこれを楽しむだろう」と考えて、このタイトルにしたんだそうです。

ヘーゲルは、「弁証法《べんしょうほう》」で知られるドイツの哲学者。弁証法というのは、かんたんにいえば、**対立する2つのものを結《むす》びつけることで、より良《よ》い結果《けっか》をみちびき出そうという考え方**です。

Aくん「ぼくは鳥を飼《か》いたい。」

Bくん「いや、ぼくは空を飛《と》ばない動物を飼いたい。」

母「じゃあ、2人の意見を合わせて、ペンギンを飼いましょう！」

といった感じです。

この絵でいえば……、

「ヘーゲルの休日」ルネ・マグリット
画像：Album / Cynet Photo

Aの意見「人には水をはじく傘《かさ》が必要《ひつよう》だ。」
Bの対立意見「しかし、人は水がなくては生きていけない。」
マグリット「じゃあ、水を集《あつ》められる傘を作ろう！」

ということですよね。確《たし》かに、ヘーゲルがこの絵を見たらおもしろがるでしょうね。
では、問題です。

問題1
私《わたし》たちの身のまわりには、2つの対立する考えを組み合わせて作られたものがあります。それを見つけて、どんな考えを組み合わせて作られたのかを、次の例《れい》にならって書いてみましょう。

例1
意見A「遠くにいる人と話すには電話がひつようだ。」
対立意見B「しかし、電話は持ち運べないからふべんだ。」
だから、「持ち運べる携帯電話《けいたいでんわ》」が生まれた。

例2
意見A「自転車は荷物《にもつ》を運ぶのにべんりだ。」
対立意見B「でも、荷物をつむと自転車をこぐのが大変だ。」
そこで、「電動自転車」が生まれた。

①

意見A「　」

対立意見B「でも、　」

だから、「　」が生まれた。

②

意見A「　」

対立意見B「しかし、　」

そこで、「　」が生まれた。

「必要《ひつよう》は発明の母」といいますが、私たち人間は昔から、こんなものがあったらいいなと考え、いろいろなものをくっつけることで、生活を便利《べんり》にする新しいものを生み出してきたのです。

問題2 異《こと》なる2つのものをくっつけて、まだ誰《だれ》も見たことのないユニークな新商品を考えてみましょう。対立するものでなくてもOK。なんでもくっつけてかまいません。

ここに新商品の絵を描《えが》こう！

私は、「　　　　」と「　　　　」がくっついているとべんりだなあと思います。

だから、２つをくっつけて「　　　　」という新商品を作りたいです。

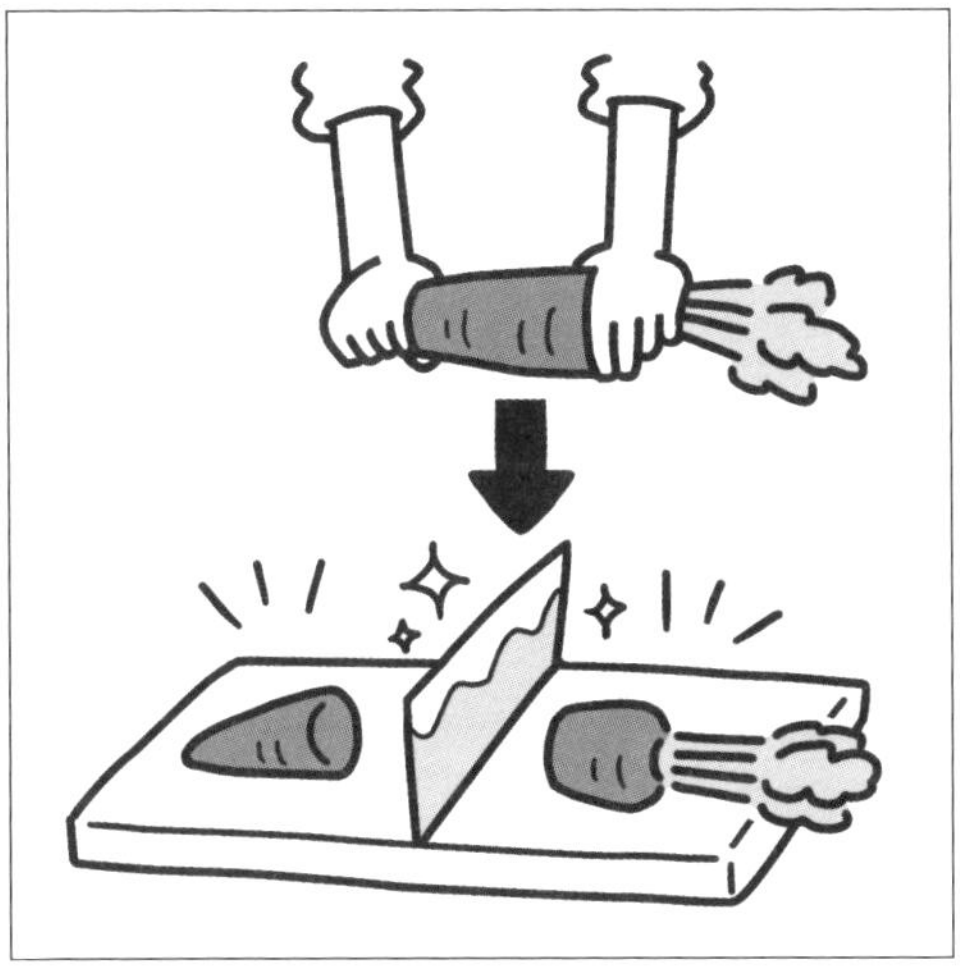

問題２の作文例

私は「まな板」と「包丁《ほうちょう》」がくっついていたらべんりだなあと思います。

だから、２つをくっつけて「まな板カッター」という新商品を作りたいです。

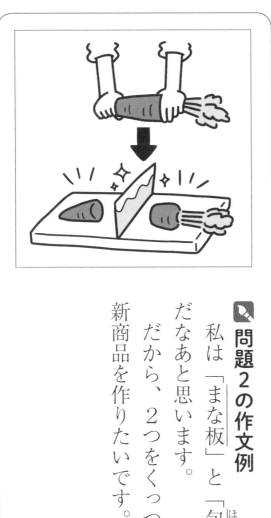

第4章
創造力ステップ

想像《そうぞう》の世界に入りこんで「魔法《まほう》の植物図鑑《ずかん》」を作ろう！

続《つづ》いては、フランス生まれの画家・版画家《はんがか》、**オディロン・ルドン**の「**サボテン男**」を鑑《かん》賞《しょう》しましょう。マグリットの描《えが》いた「傘《かさ》」（58ページ）は、ヘンテコではありましたが、作ろうと思えば作ることができそうでした。ですが、ルドンの絵に出てくる生き物や奇妙《きみょう》な怪《かい》物《ぶつ》は、この世にはあり得《え》ないものばかりです。ルドンは、**頭の中で想像《そうぞう》するしかないようなもの、人の目には見えないものを、黒色を使ってキャンバスに表現《ひょうげん》しました。**

ルドンは病弱で孤独《こどく》な10代を過《す》ごしますが、寄宿《きしゅく》学校を卒業《そつぎょう》した後、植物学者のアルマン・クラヴォーと出会い、顕微鏡《けんびきょう》の中の世界に魅《み》せられて独自《どくじ》の作風を築《きず》いていきます。40代のルドンが精力的《せいりょくてき》に制作《せいさく》したのは、鉛筆《えんぴつ》や木炭などで想像上の不思議《ふしぎ》な生き物を描いた「黒（ノワール）」とよばれる作品群《ぐん》。**色彩《しきさい》にたよることなく、目に見えない世界を「見える化」したのです。**

こんなふうに、想像の世界を絵や言葉にして自分の内面を表現する芸術《げいじゅつ》運動《うんどう》を「象徴主《しょうちょうしゅ》義《ぎ》」といい、ルドンは19世紀フランスの象徴主義を代表する芸術家です。さあ、あなたもルドンの想像の世界に入りこんでみましょう！

「サボテン男」オディロン・ルドン
画像：Alamy / Cynet Photo

問題1

上の「サボテン男」は、ものを見たり、考えたり、おしゃべりできる植物だと想像してください。つまり、動けない人間のようなものです。あなたは「サボテン男」をプレゼントされたら、自分の部屋に置《お》きますか？　それとも置きませんか？　自分の部屋に置いた場合の良《よ》い点・悪い点を3つずつ考えて書きましょう。

自分の部屋に置くと良い点

1

2

3

自分の部屋に置くと悪い点

1

2

3

問題2

問題1で書いた良い点、悪い点から考えて、自分の部屋に置くかどうかを決め、その理由もあわせて作文しましょう。

私《わたし》なら、サボテン男を自分の部屋に（　置きます　・　置きません　）。

なぜなら、

からです。

だから、私はサボテン男を絶対自分の部屋に（　置きます　・　置きません　）。

晩年《ばんねん》には、人が変《か》わったように華《はな》やかな色を使いはじめ、色鮮《いろあざ》やかな作品を数多く残《のこ》したルドン。自分の作風にしばられることなく、いつも自由に自分の内面を表現していたのです。「自分らしさを表現する」、それは芸術家だけの特権《とっけん》ではありません。**私たちは自分の心を、服装《ふくそう》や髪型《かみがた》、言葉づかいなどで自由に表現できますよ。**

では、次の問題です。あなたもルドンのように自分の内面を表現する植物画を描いてみましょう。

問題3

あなたの心の中にある「願《ねが》い」を1つ書いてください。次に、その「願い」をかなえてくれる「魔法植物《まほうしょくぶつ》」を考えて、その植物に名前をつけ、どんな植物なのか絵と文とで説明しましょう。

願いの例《れい》

いつでも好きなおかしが食べたい。

おこづかいがいっぱいほしい。

など……

私には「　　　　」という願いがあります。

だから、願いをかなえてくれる魔法植物「（名前）　　　　」を育てます。

植物の特徴《とくちょう》や育て方、魔法の使い方など、わかりやすく説明しよう！

ここに絵を描こう！

問題1の作文例

部屋に置くと良い点

1　話し相手になってくれるから、さびしくない。
2　部屋の見張《みは》り番として役に立つ。
3　探《さが》し物が見つからないとき、どこに置いたか聞ける。

部屋に置くと悪い点

1　部屋に他の人がいるようで、リラックスできない。
2　夜に見ると気味《きみ》が悪いし、おしゃべりだとうるさくて困《こま》る。
3　部屋に入ってきた親や友達《ともだち》に余計《よけい》なことを話しそう。

問題2の作文例

私なら、サボテン男を自分の部屋に（置きます・置きません）。なぜなら、サボテン男と仲良《なかよ》くなっていろいろなことを相談したいからです。私は一人っ子で、気軽に相談できる相手がいません。だから、サボテン男を大切に育てて一番の親友にしたいです。たとえば、ドラえもんとのび太くんみたいな関係《かんけい》が理想です。ドラえもんは、いつものび太くんのことを心配していろいろ考えてあげているので、私も困った時はサボテン男に助けてもらいたいです。

だから、私はサボテン男を、絶対自分の部屋に（置きます・置きません）。

問題3の作文例（小学校5年生）

私には「食べ物が買えなくて困っている人や、植物を大事にする人に、おなかいっぱいソルーツを食べさせてあげたい」という願いがあります。だから、願いをかなえてくれる魔法植物「なんでもの木」を育てます。

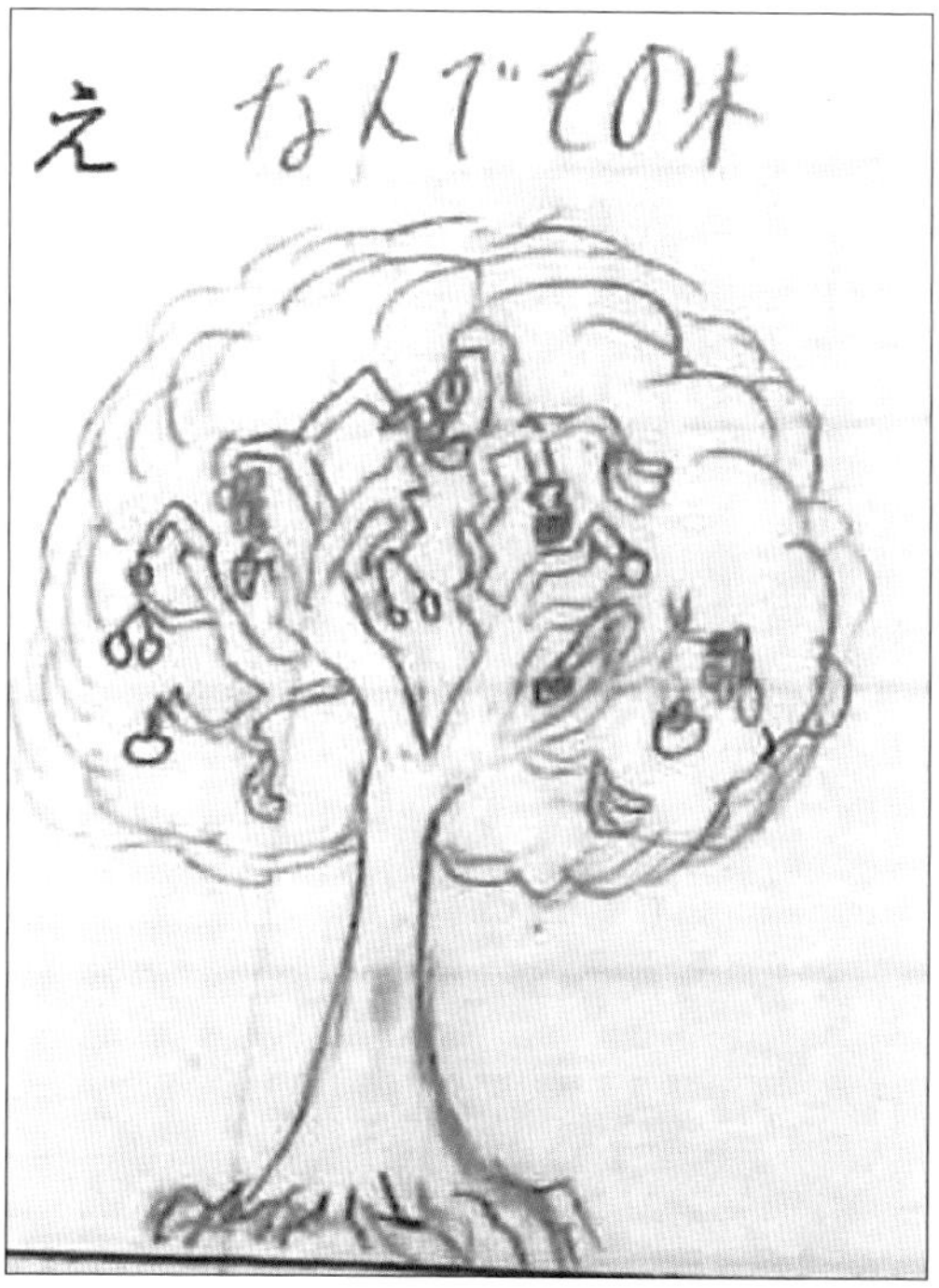

この木の名前は「なんでもの木」です。この木は自分で実をつけるのではなくて、人が「この食べ物が欲《ほ》しい」と木に願えば、実がなります。この木には、りんご、ぶどう、なし、さくらんぼ、バナナなどのフルーツがなんでも実ります。この木は大切にされる所や、まずしい人の所に生えてきます。

第4章
創造力ジャンプ

一枚《まい》の絵画から物語をつくってみよう!

続《つづ》いては、19世紀末《せいきまつ》から20世紀初頭《しょとう》にかけて活躍《かつやく》したフランスの素朴派《そぼくは》の画家、**アンリ・ルソー**の「**眠《ねむ》るジプシー女**」を観察《かんさつ》します。

両親から絵の才能《さいのう》を認《みと》めてもらえなかったルソーは、美術《びじゅつ》学校に進学できず、伝統的《でんとうてき》な美術教育を受けないまま、49歳《さい》になるまでパリ市の税関職員《ぜいかんしょくいん》として働《はたら》いていました。そのためルソーの描《えが》く絵には遠近感がほとんどなく、一見下手《いっけんへた》にも見える技法《ぎほう》なため評論家《ひょうろんか》たちから酷評《こくひょう》されることもありました。しかし、**色彩感覚《しきさいかんかく》に優《すぐ》れており、独創的《どくそうてき》な世界を描《えが》く画家として人気があります。**

そんなルソーの代表作「眠るジプシー女」をじっくり見てみましょう。マンドリンを弾《ひ》きながら放浪《ほうろう》するジプシーの女性《じょせい》が、かたわらにツボを置《お》き、疲《つか》れ果《は》てて眠っていますね。そこへ1匹のライオンがやってきて彼女を見つけます。さあ、これから、ライオンとこの女性はどうなってしまうのでしょう?

問題1

左の絵を見て、どうしてライオンがこの女性におそいかからないのか、その理由を想像《そうぞう》し、くわしく説明《せつめい》してみましょう。

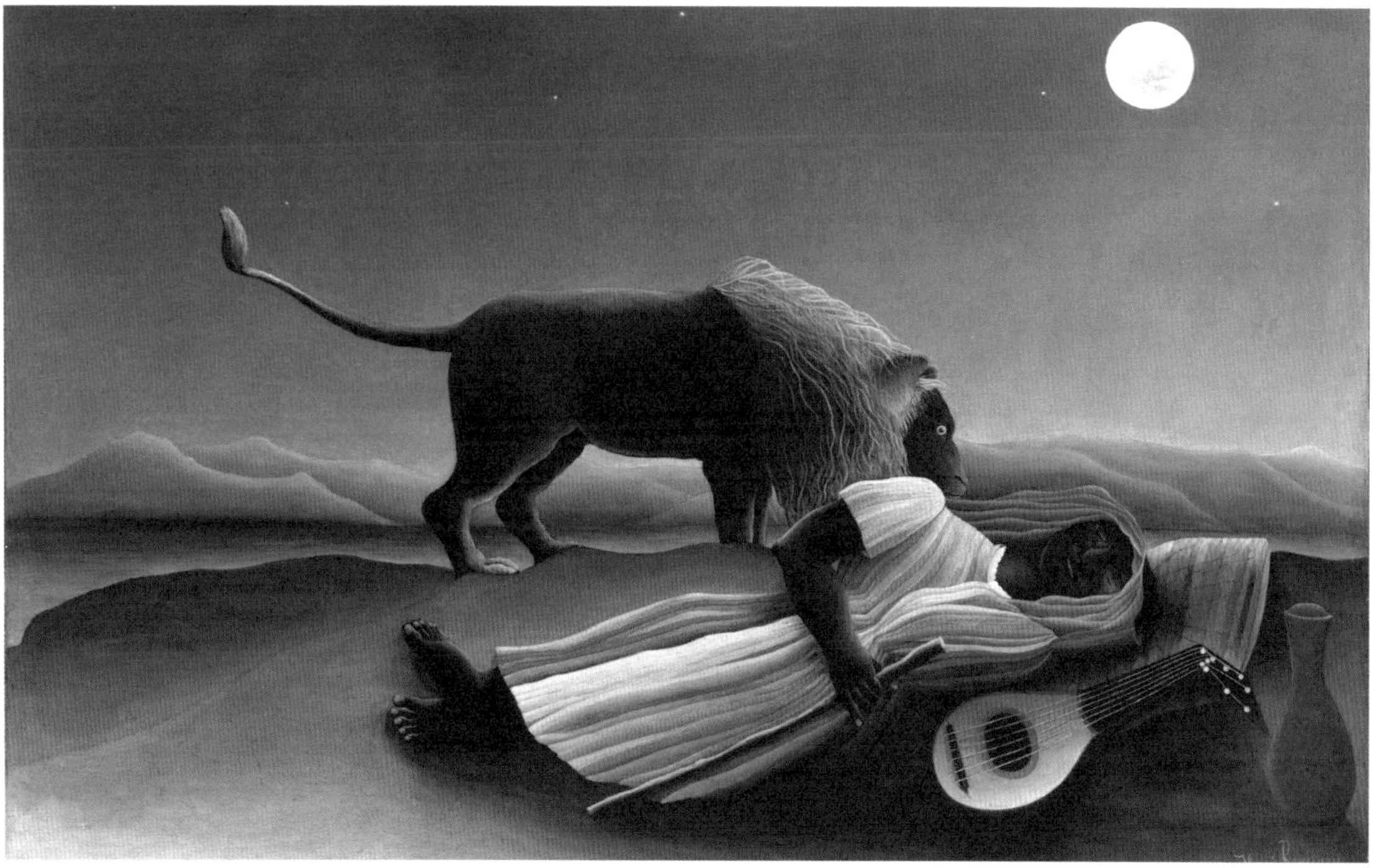

「眠るジプシー女」アンリ・ルソー
画像：Alamy / Cynet Photo

私《わたし》は、ライオンがこの女性をおそわない
のは、
と思います。
なぜなら、
からです。

問題2

問題1で考えた理由でライオンが女性をおそわないのだとしたら、この後、ライオンと女性はどうなるのでしょうか？　物語の続きを書いてみましょう。物語を書いた後、物語の題名とペンネーム（作家活動をするときの名前）も考えましょう。

ヒント

① ライオンとジプシー女のはじめの気持ちと行動をしっかり書いておく。

② その後、なにか事件《じけん》がおきて、おたがいの気持ちや行動が変わっていく。そんなお話をつくってみてください。

題名「　　　　」

作（ペンネーム）

ある満月《まんげつ》の夜、砂漠《さばく》を放ろう中につかれ果《は》てたジプシー女が、水の入ったツボを脇《わき》に置《お》いて、ぐっすりねむりこんでしまいました。すると、そこへ砂漠に迷《まよ》いこんだ一匹《ぴき》の雄《おす》ライオンがやってきました。

問題1の作文例

私は、ライオンがこの女性をおそわないのは、ライオンが女性《じょせい》のドレスの色に興《きょう》味《み》を持ったためだと思います。

なぜなら、ライオンは見渡《みわた》すかぎり砂《すな》しかない砂漠《さばく》を旅していたし、自分の体を見ても砂と同じ色だからです。つまり、ライオンは食べ物よりも色に飢《う》えていたのです。だから、さまざまな色が使われた女性のドレスが月明かりに照《て》らされ、とてもきれいに見えたのではないかと考えます。

問題2の作文例

題名「ジプシー女とライオン」

作（ペンネーム）月野　さばく

ある満月《まんげつ》の夜、砂漠《さばく》を放ろう中につかれ果《は》てたジプシー女が、水の入ったツボを脇《わき》に置《お》いて、ぐっすりねむりこんでしまいました。すると、そこへ砂漠に迷《まよ》いこんだ一匹《ぴき》の雄《おす》ライオンがやってきました。

おなかを空《す》かせたライオンは、女の周《まわ》りを回りながらクンクンとにおいをかぎました。ところが、ライオンは月明かりに照《て》らされた女の姿《すがた》を見ているうちに、喉《のど》のかわきも、空腹《くうふく》もすっかり忘《わす》れてしまいました。チョコレート色の肌《はだ》や、赤、黄、緑、青、まるで虹《にじ》のような色合いのドレスに心をうばわれたのです。

「久しぶりに、こんなきれいな色を見たぞ。」

見渡《みわた》す限《かぎ》りベージュ色の砂漠をさまよっていたライオンは、しばらく目にしていなかった鮮《あざ》やかな色彩《しきさい》に、懐《なつ》かしいサバンナの夕焼《ゆうや》けや、雨上がりの大きな虹を思い出しました。そして、ねむっている女を、一枚《まい》の絵画を見るようにうっとりと眺《なが》め続《つづ》けました。なにしろ、見るもの聞くもの全てが幻想的《げんそうてき》な満月の夜でしたからね。

朝になって目を覚《さ》ました女は、体中の力が抜《ぬ》けるほどおどろきました。なんと自分のすぐそばに、一匹のライオンが寝《ね》ているではありませんか。女はそっと立ち上がり逃《に》げようとしましたが、ライオンが気付かないはずはありません。

「どこへいく？」

女はぎくりとし、震《ふる》える声でこう言いました。

「私はまずしいジプシーで、ここ数日満足《まんぞく》に食事もとっていません。やせこけて、あなたのえさになるにも申し訳《わけ》ない体です。どうでしょう。私と一緒《いっしょ》に旅をして、私がもっと太ってから食べるほうが良《よ》くはありませんか？」

ライオンは考えました。実《じつ》はライオンも、この女のチョコレート色の肌や、虹みたいな色のドレスをたいそう気に入っていたので、すぐに食べるのはおしいと思っていたのです。

「いいだろう。食べるのは、お前がまるまると太ってからにしよう。」

その日から、ライオンと女のきみょうな旅が始まりました。立ち寄《よ》った町で、女はマンドリンをひき、それに合わせてライオンが歌います。町の人々《ひとびと》はライオンの歌声に大喜び。女のストールの上に次々《つぎつぎ》と銀貨《ぎんか》を投げてくれました。

こうして、ライオンとジプシー女は毎日おいしいごはんにありつけましたし、夜になると、アカシアの木にもたれて女がマンドリンをひき、ライオンはその心地よいひびきを聞きながらねむりにつくのでした。

一か月もすると、女の体はふっくらしてきました。女はすきをみて逃《に》げようと何度も考えましたが、いつの間にか、自分のマンドリンに合わせて一生懸命《いっしょうけんめい》に歌うライオンが大好きになっていることに気付きました。

一方のライオンは、女がまるまると太ってきたので、この旅ももう終わりかなと考えていました。自分の居場所《いばしょ》は生まれ育ったジャングルだ、早く戻《もど》らないとむれのみんなが心配する、そう思いこんでいたのです。

そんなある晩《ばん》、ライオンと女がアカシアの木の下でねむっていると、一人の盗賊《とうぞく》が近付いてきました。月の暗い夜でしたので、砂《すな》と同じ色のライオンの姿《すがた》は男の目に映《うつ》りません。盗賊は、女から銀貨の入った皮袋《かわぶくろ》をうばおうとにじり寄《よ》ります。そして、女の胸《むね》に、ぐさっとナイフをつき立てたのです。

「がおおおおおっー。」

ライオンは飛《と》び起きて、雄叫《おたけ》びをあげました。

「ぎゃあーーー。」

盗賊はおどろき、飛《と》ぶように逃げていきます。女の胸《むね》からはドクドクと赤い血が流れ、虹色のドレスはみるみるうちに真っ赤に染《そ》まりました。ライオンはそれを見て、狩《か》りの時に流れる獲物《えもの》の血を思い出しました。こうなれば、もう獲物が暴《あば》れ出すことはありません。あとは食いつけばいいだけです。ライオンは血のにおいをクンクンかぎ、女の周《まわ》りをぐるぐると三度回りました。でも、どうしても、女にきばを立てる気にはなれません。

ライオンは女を背中《せなか》に乗せて走り出しました。はやく、はやく、はやく、町の病院へ行かなくちゃ。走っている間中、ライオンは女がこのままいなくなったらどうしようと、そればかり心配していました。女のマンドリンに合わせて歌うのはとても楽しいことでしたし、毎晩《まいばん》、女のそばでアカシアのにおいに包《つつ》まれてねむるのは、ライオンにとってこれまで経験《けいけん》したことがないほど甘《あま》く幸せな時間だったのです。そう思うと、ライオンの胸はしめつけられるように苦しくなり、目からは大粒《おおつぶ》の涙《なみだ》がポロポロとあふれてきます。ジャングルでむれの仲間《なかま》が死んだ時でさえ、こんな気持ちにはならなかったとライオンは思いました。

町の病院に着くと、ライオンは大きな声で医者を呼びました。幸い女の傷《きず》は浅《あさ》く、何日かの入院ですっかり元気になりました。女は、ライオンがもう自分を食べようと思っていないことを知り、ライオンのことがもっともっと好きになりました。人を助けて有名になったライオンは、市長から勲章《くんしょう》と虹色のたすきをもらいました。ライオンは自分の体がベージュ一色でなくなったことが嬉《うれ》しくてたまりませんでした。

そして、もう二度と、むれに帰ろうとは思わなくなりました。ライオンは自分の本当の居場所《いばしょ》を見つけたのです。二人はそれから毎日、アカシアの丘《おか》で、仲良《なかよ》く歌ったり踊《おど》ったりして幸せに暮《く》らしました。

一枚の絵画から生まれた物語、楽しんでいただけましたか?
みなさんはいったいどんなストーリーを紡《つむ》いだのでしょう。イマジネーションが広がり、自分の中からどんどん物語が湧《わ》き出てくるというのは、この上なく楽しい体験《たいけん》ですよね。
きっと時間が経《た》つのを忘《わす》れてしまうほど、夢中《むちゅう》になって書いていただけたのではないかと思います。

「本の虫」からの図書案内《としょあんない》④

みんな、はじめはかた～くなっていた頭が、そろそろフワフワにほぐれてきたんじゃない？　この章では、イマジネーションの力を使えばどんなものでも生み出せるということ、わかってもらえたよね。

人間は太古の昔から、想像力《そうぞうりょく》を使ってさまざまな物語を創《つく》り出してきた。とっておきのファンタジーをたくさん読んで、イマジネーションを刺激《しげき》しよう！

小学校中学年向け

左『くるみわり人形』 ポプラ世界名作童話

E.T.A. ホフマン（作）村山 早紀（文）北見 葉胡（絵）

右『メアリー・ポピンズ』 ポプラ世界名作童話

P.L. トラヴァース（作）富安 陽子（文）佐竹 美保（絵）

小学校高学年以上

（左から）

『モモ』 岩波書店　ミヒャエル・エンデ（作・絵）大島 かおり（訳）

『オズの魔法《まほう》使い』 福音館書店　ライマン・F・バウム(作)渡辺 茂男(訳)ウィリアム・W・デンスロウ(絵)

『ピーター・パンとウェンディ』 福音館書店　J・M・バリー(作)石井 桃子(訳)F・D・ベッドフォード(絵)

『不思議《ふしぎ》の国のアリス』 角川文庫　ルイス・キャロル（著）河合 祥一郎（訳）

中学生・高校生以上

左『青い鳥』 新潮文庫

メーテルリンク（著）堀口 大學（訳）

右『クリスマス・キャロル』 角川文庫

ディケンズ（著）越前 敏弥（訳）

第5章
読解力ホップ

ギリシア神話をモチーフにした彫刻《ちょうこく》で「もしも作文」を書こう

はるか古代から伝《つた》わる「ギリシア神話」を読んだことはありますか？　**ギリシア神話を読むと、私《わたし》たちが今使っている言葉の由来がわかるので、とてもおもしろいですよ。**例《たと》えば、スポーツ用品メーカーの「NIKE《ナイキ》」は、神話に登場する勝利《しょうり》の女神《めがみ》「ニケ」に由来していますし、ナルシスト、アキレス腱《けん》、サイレン、パニックなどの言葉もギリシア神話にその語源《ごげん》があります。

また、ギリシア神話は多くの芸術家《げいじゅつか》が作品のモチーフとして使っているので、神話のワンシーンを表現《ひょうげん》した絵画や彫刻《ちょうこく》は枚挙《まいきょ》にいとまがありません。今回はそんな美術《びじゅつ》作品の中から、バロック期彫刻の傑作《けっさく》といわれる、**ジャン・ロレンツォ・ベルニーニ**の「**アポロンとダフネ**」を鑑賞《かんしょう》しましょう。

左の彫刻は、いったいどういう状況《じょうきょう》を表現しているかわかりますか？　左側《ひだりがわ》の男性《だんせい》は芸術・芸能《げいのう》の神アポロン。右はダフネというニンフ（精《せい》）ですが、ダフネの体がだんだん「月桂樹《げっけいじゅ》」という木に変《か》わっていく、その衝撃的《しょうげきてき》なワンシーンを表現したものです。

「アポロンとダフネ」ジャン・ロレンツォ・ベルニーニ
画像：Alamy / Cynet Photo

ギリシア神話「アポロンとダフネ」 あらすじ

あるとき、アポロンは愛《あい》の神であるエロス（ローマ神話ではキューピッド）の弓遊びをからかいます。腹《はら》を立てたエロスは、恋《こい》の弓である金の弓矢をアポロンに、嫌悪《けんお》の弓である鉛《なまり》の弓矢をダフネに射《い》ました。アポロンはダフネが恋しくてたまらず必死《ひっし》に追いかけますが、ダフネはそれを嫌《いや》がって逃《に》げまどいます。川岸《かわぎし》に追いつめられたダフネは、河神《かしん》の父・ペネイオスに、「清《きよ》いままでいられるよう、変身《へんしん》させてください。」とたのみます。ペネイオスは娘《むすめ》の願《ねが》いを聞き入れ、ダフネを月桂樹《げっけいじゅ》に変《か》えたのでした。悲しんだアポロンは、月桂樹の下で泣《な》き続《つづ》け、せめて自分の聖樹《せいじゅ》になってくれるようたのみました。あまりの必死さにダフネは樹を揺《ゆ》らしてうなずき、アポロンの上に葉を落とします。アポロンはその葉で冠《かんむり》を作り、こう約束しました。

「ダフネよ、私はいつまでもお前を忘れない。その愛の証《あかし》にお前の枝《えだ》で冠を作り、いつまでもそばに置こう。それだけではない、戦《せん》場《じょう》で、競技場《きょうぎじょう》で、すばらしい勲《いさお》を立てた者には、お前の枝をあたえ頭にかぶらせよう。」

今も、オリンピックの勝者に「月桂冠《げっけいかん》」が贈《おく》られますが、それはこの神話に由来しているのです。この他にも、おもしろいお話がたくさんつまっている「ギリシア神話」。みなさんもぜひ一度、読んでみてください。

問題1

ダフネは、アポロンにつきまとわれるのが嫌で月桂樹に姿《すがた》を変えました。もしも、ペネイオスがあなたに「1日だけ変身《へんしん》できる魔法《まほう》」をかけてくれるとしたら、なにに変身したいですか？
そして変身後、どんなことをしてみたいですか？　作文しましょう。

私《わたし》なら、ペネイオスに「　　　　　　　　に変身させてください」
とお願《ねが》いします。

なぜなら、＿＿＿＿＿＿＿＿＿＿＿＿＿＿＿＿＿＿＿＿＿＿

＿＿＿＿＿＿＿＿＿＿＿＿＿＿＿＿＿＿＿＿＿＿からです。

もしも、それに変身できたら＿＿＿＿＿＿＿＿＿＿＿＿＿

＿＿＿＿＿＿＿＿＿＿＿＿＿＿＿＿＿＿＿＿＿＿＿＿＿＿

＿＿＿＿＿＿＿＿＿＿＿＿＿＿＿＿＿＿＿＿＿＿＿＿＿＿

問題2 自分の体が月桂樹に変化していくときの、ダフネの気持ちを想像《そうぞう》してみましょう。どんなことを思いながら木になっていったのか、ダフネの心の声を書きましょう。

「

」

問題3 あなたはこの神話を読んで、人間と木（植物）はどこがちがうと思いましたか。その相違点《そういてん》から、あなたの考えたことを書きましょう。

人間と木の相違点は、

だと思います。

問題1の作文例（小学校4年生）

私なら、ペネイオスに「もうどう犬に変身させてください」とお願いします。なぜなら、もうどう犬になって目の不自由な人の力になりたいからです。もしも、それに変身できたら、私は、外に出かけたいのに出かけられない一人《ひとり》ぐらしの目の不自由《ふじゆう》な人のところに行って、その人の行きたい場所に案内《あんない》してあげます。そして、夜になったら、安心してねむってもらうために、そばにくっついてねます。

問題2の作文例

「ああ、私はお父様になんてことをたのんでしまったのかしら。もう歩くことも、おしゃべりすることもできないなんて、悲しすぎるわ。だんだん足が動かなくなってきた。きゃあ、アポロンがすがりついてくるじゃないの。私から、はなれてちょうだい！」

問題3の作文例

人間と木の相違点は、自分で動けるか、動けないかということだと思います。

人間は、行きたいところに自分の足で歩いていけるけれど、木はどんなに動きたくても動けないいから、人間の方が自由でいいです。だけど、動けないことで、鳥や動物たちが安心して近寄《ちかよ》ってきてくれるので、動ける人間より、動けない木の方が、友達《ともだち》はたくさんできるかもしれないなと考えました。

第5章
読解力ステップ

シェイクスピア作品のヒロインに いったいなにが起きたの？

次は、シェイクスピアの四大悲劇《だいひげき》の一つ、「ハムレット」のワンシーンを描《えが》いた、**ジョン・エヴァレット・ミレー**の「**オフィーリア**」という作品を鑑賞《かんしょう》しましょう。**巻末《かんまつ》107ページに大きい絵があります。**

ミレーは、19世紀のイギリスの画家で「ラファエル前派《ぜんぱ》」の一員です。「ラファエル前派」は、**中世の伝説《でんせつ》や文学をモチーフにすることが多く、明るく色鮮《いろあざ》やかな色彩《しきさい》で自然《しぜん》をありのままに再現《さいげん》するのが特徴《とくちょう》です。**この「オフィーリア」は、ミレーの最高作《さいこうさく》といわれています。

「オフィーリア」ジョン・エヴァレット・ミレー
画像：Album / Cynet Photo

問題1

絵の女性《じょせい》は、なぜ川の中に横たわっているのだと思いますか？　この女性に起きたことを想像《そうぞう》し、その理由も書きましょう。

私《わたし》は、この女性は
と思います。
なぜなら、
からです。
（理由をさらにくわしく説明しよう）

問題2 この後、絵の女性はどうなると思いますか？　展開《てんかい》を予想して、その理由も書きましょう。

この女性はこの後、
と思います。
なぜなら、
からです。
（理由をさらにくわしく説明しよう）

みなさん、一枚《まい》の絵からどのような出来事を想像しましたか?

じつは、小川に横たわっているこの女性は、愛《あい》する王子・ハムレットに父親を殺《ころ》され、狂《きょう》気《き》の中、川に落ちておぼれてしまう悲劇のヒロインなのです。

この絵は、しだれた柳《やなぎ》の枝《えだ》に花冠《はなかんむり》をかけようとしてよじのぼったオフィーリアが川に落ち、歌いながら川に浮《う》かんでいるシーンを描いたもの。この後ドレスが水を吸《す》い、重くなって、オフィーリアは川底《かわぞこ》へ引きずりこまれていくのです。

ミレーはイギリスのホグズミル川の近くに滞在《たいざい》し、5ヶ月間も川辺《かわべ》を観察《かんさつ》しながら、丹念《たんねん》にこの絵を描いたそうです。**背景《はいけい》の植物の緻密《ちみつ》な描き方が、観察のていねいさを表していますよね。**

では、最後《さいご》に「ハムレット」の有名なセリフにちなんだ問題をどうぞ!

問題3

ハムレットは劇中《げきちゅう》、「生きるべきか、死ぬべきか、それが問題だ。」と自分のとるべき行動について悩《なや》みます。「○○するべきか、△△するべきか、それが問題だ。」という書き出しで、問題解決《かいけつ》作文を書いてみましょう。

第1段落《だんらく》　問題提示《ていじ》（書き出し）
第2段落　今、どのようなことで悩んでいるのかをくわしく説明《せつめい》する
第3段落　その問題について自分の考えを書いて整理《せいり》してみる
第4段落　考えた結果《けっか》、どちらに決めたか結論《けつろん》を書く

（第1段落）____べきか、____べきか、それが問題だ。

（第2段落）私は今、____べきなのか、____べきなのか真剣《しんけん》に悩んでいる。

（第3段落）そこで私は考えてみた。____

（第4段落）よって、私は____

問題1の作文例《れい》（小学校6年生）

私は、この女性は自殺《じさつ》をしようとしているのだと思います。なぜなら、この女性は悲しそうな目をしており、川から出ようともしていないからです。衣服《いふく》を着たまま川に落ちたら、おぼれて死《し》んでしまうかもしれないのに、この女性は逃げず、自《みずか》ら死を望《のぞ》んでいるように見えます。なにかつらいことが立て続《つづ》けに起きて、生きているのがいやになってしまったのだと思います。

問題2の作文例（中学校1年生）

この女性はこの後、おぼれて死んでしまうと思います。なぜなら、目に力がなく、肌《はだ》にも血の気がないし、手にすみれの花を持っているからです。私はミレーが、目や肌の様子、また手にしている花などで、この後の展開を表現しているのではないかと考えました。そこで、すみれの花言葉を調べてみると、「愛」や「純潔《じゅんけつ》」などのほか、白いすみれには「乙女《おとめ》の死」という意味もあると分かりました。だから、この女性は愛する人に裏切《うらぎ》られて絶望《ぜつぼう》したのだと想像しました。

問題3の作文例

応じるべきか、断るべきか、それが問題だ。

私は今、A子さんからのデートの誘《さそ》いに応じるべきなのか、断《ことわ》るべきなのか、真剣《しんけん》に悩んでいる。A子さんは可愛《かわい》くて優《やさ》しくて心の美しい、申《もう》し分《ぶん》のない女性だ。普通《ふつう》ならば、A子さんからのデートの誘いを断るなんて考えられないだろう。しかし、私の親友B男はA子さんのことが以前から大好きなのだ。私がデートに行けばB男を傷《きず》つけてしまうし、友情《ゆうじょう》にヒビが入る可能性《かのうせい》だってある。

そこで私は考えてみた。私にとってA子さんとB男のどちらが大切かを。私とB男は幼稚園《ようちえん》からのおさななじみで、なんでも相談し合える唯一無二《ゆいいつむに》の親友だ。一方のA子さんは、中学に入って出会ったばかりの人で、私の人生にとって、現時点では無くてはならない存在《そんざい》ではない。失《うしな》って困《こま》るのは、やはり親友だ。

よって、私はA子さんからのデートの誘いを断ることにする。

第5章
読解力ジャンプ

『フランダースの犬』にまつわる名画を比《ひ》較《かく》してみよう！

さあ、いよいよ最後《さいご》のワークです。このワークをやる前に『**フランダースの犬**』という物語を読んでおくと、より楽しめるでしょう。この後すぐに、物語の結末《けつまつ》を書いているので、**「これから本を読む！」という方は、ここで一度このドリルを閉《と》じて読書してください。**

「聖母被昇天」 ピーテル・パウル・ルーベンス
画像：Alamy / Cynet Photo

『**フランダースの犬**』は、ルーベンスに憧《あこが》れ、ひそかに画家を夢《ゆめ》見る少年ネロが、まずしさゆえに村人たちから迫害《はくがい》をうけ、クリスマスの朝、愛犬《あいけん》パトラッシュとともに亡骸《なきがら》となって教会で発見される悲しい物語です。

ネロは生きているとき、毎日教会に通っては「**聖《せい》母《ぼ》被《ひ》昇天《しょうてん》**」という**ルーベンス**の絵を見ていました。絵の中のマリアに、亡《な》くなったお母さんの姿《すがた》を重ねていたのです。

聖母《せいぼ》マリアは亡くなるとき、その体ごと天国に召《め》されたとされ、絵の下のほうでは、空《から》っぽになったひつぎをのぞきこんで驚《おどろ》く、使徒《しと》たちの姿が描《えが》かれています。

この絵は誰《だれ》でも自由に見ることができましたが、教会の中には、ネロがどうしても見られなかった2枚《まい》の絵がありました。その絵には幕《まく》がかかっていて、見るには観覧料《かんらんりょう》が必要《ひつよう》だったのです。まずしいネロには、そのお金がありませんでした。

「一度でいいから見てみたい」とネロが願《ねが》い続《つづ》けたルーベンスの2枚の絵。皮肉《ひにく》なことにネロは、人生最期《さいご》にその絵を見ることになりましたが、それが**「キリスト昇架《しょうか》」**と**「キリスト降架《こうか》」**でした（**巻末《かんまつ》108ページと109ページに大きな絵があります**）。

聖書《せいしょ》の中のさまざまなシーンが、こうして西洋芸術《げいじゅつ》の題材《だいざい》としてたくさん使われています。ですから、西洋芸術をより深く楽しみたいなら、世界一のベストセラー「聖書」を一読することをおすすめします。「ノアの箱舟《はこぶね》」や「バベルの塔《とう》」など、有名なお話が数多く入っていますから、読んでいてとてもおもしろいですよ。

問題1 Ⓐ「キリスト昇架」とⒷ「キリスト降架」を巻末108、109ページの大きな絵で見比《みくら》べ、どんなちがいがあるか、気づいたことを3つ書き出してみましょう。

1 Ⓐでは、

Ⓑでは、

2 Ⓐでは、

Ⓑでは、

3 Ⓐでは、

Ⓑでは、

問題2 2つの絵のどちらかを部屋に飾《かざ》るなら、どちらにしますか？　また、それはなぜですか？

私《わたし》なら「　　　　」を部屋に飾ります。

なぜなら、

からです。

だから、私は部屋に飾るなら「　　　　　」を選びます。

Ⓐ「キリスト昇架」ピーテル・パウル・ルーベンス三連祭壇《さいだん》画《が》
画像：Alamy / Cynet Photo

Ⓑ「キリスト降架」ピーテル・パウル・ルーベンス三連祭壇画
画像：Alamy / Cynet Photo

問題3

2枚の絵を見比べる前と後で、あなたの気持ちや考えにどんな変化《へんか》があったのか、作文しましょう。

問題1の作文例《れい》

1　Ⓐでは、兵士《へいし》のような怖《こわ》そうな人たちが、イエスを取り囲《かこ》んでいるが、Ⓑでは、女性や老人《ろうじん》など優《やさ》しそうな人たちがイエスを取り囲んでいる。

2　Ⓐでは、イエスの体は周《まわ》りの人たちと同じ肌《はだ》の色をしているけれど、Ⓑでは、体全体に血の気《け》がなくて、生きている人たちと肌の色が違《ちが》う。

3　Ⓐでは、周りにいる女性や子ども、動物たちまでもが、嘆《なげ》き悲しんでいるように見えるが、Ⓑでは、左右に描かれた人たちはイエスの死を嘆いているように見えない。

問題2の作文例

私なら「キリスト降架」を部屋に飾ります。

なぜなら、昇架のほうは、イエスをざんこくな刑罰《けいばつ》で殺《ころ》してやろうという人々《ひとびと》の嫌《いや》な気持ちが伝《つた》わってきて、見ているだけで不快《ふかい》な気分になるからです。それに比べると、降架の方は、イエスをいたわり、その死をいたむ人たちの優しさが伝わってきます。

だから、私は部屋に飾るなら「キリスト降架」を選びます。

問題3の作文例（小学校6年生）

私は、この二枚の絵をぱっと見た時、どちらもそれほど違いのない、似《に》たような絵だなと思いました。でも、細かい部分までじっくり観察すると、イエスの様子や、イエスを取り囲む人々の表情が全く違っていたので、とても驚《おどろ》きました。

これまで、絵をこんなに時間をかけてくわしく観ることがなかったので、観察することはすごく大切なんだとわかりました。観るだけで心が苦しくなるくらい、絵で人の気持ちが表現できるなんて、ルーベンスはすごい画家だなと思いました。きっとネロはそのすごさを知っていたから、ルーベンスの絵を見て勉強したかったのだろうと思います。私もこれからもっと絵を観察してみたいです。

さて、キリスト教の始祖《しそ》であるイエス・キリストは、ユダヤ教を批判《ひはん》したために、支配《しはい》者であったローマ帝国《ていこく》への反逆者《はんぎゃくしゃ》として、最も重い刑罰《けいばつ》「磔刑《たっけい》」（十字架《じゅうじか》にはりつけにされること）に処《しょ》され、ゴルゴダの丘《おか》で絶命《ぜつめい》しました。

キリスト教では、イエスが人類《じんるい》の身代《みが》わりとなって罪《つみ》をつぐない、神と人との和解《わかい》を成《な》しとげたと信じられていて、イエスは亡《な》くなった3日後に復活《ふっかつ》し、弟子《でし》たちの前に姿《すがた》を現《あらわ》したとされています。

「キリストの復活」ジョヴァンニ・ベッリーニ
画像：Alamy / Cynet Photo

なんとも不思議《ふしぎ》なお話ですが、キリストの復活《ふっかつ》を題材《だいざい》にした絵画作品もたくさんあって、それらの絵には、生き返ったイエスを見て驚き、あわてふためく人々の様子が描かれています。

イエスの死の前後に、いったいなにが起きていたのか？　聖書を読めば、これらの絵がどんなシーンを表現したものなのかがよくわかります。**当時の人々にとって、絵画はまさに「目で見る聖書」だったのです。**

「本の虫」からの図書案内《としょあんない》⑤

ここまでよくがんばったね！　絵を見るだけじゃなく、背景《はいけい》となる神話や関連する物語を知っておくと、鑑賞《かんしょう》は２倍も３倍も楽しくなるよ。絵から本へと興味《きょうみ》が向かうのもいいし、本から絵に向かってもいい。興味関心《かんしん》をどんどん広げて、関連するものにつなげていくんだ。するといつの間にか、ボクのように「豊か～な教養《きょうよう》」が身についちゃう！　最後《さいご》に、第５章につながりのある本を紹介するね。

小学校中学年以上

（左から）

『ギリシア神話（子どものための世界文学の森28）』 集英社

トマス・ブルフィンチ（著）箕浦 万里子（訳）深沢 真由美（絵）

『こどものためのハムレット（シェイクスピアっておもしろい！）』 アートデイズ

ロイス・バーデット（著）鈴木 扶佐子（訳）

『フランダースの犬（子どものための世界文学の森12）』 集英社

ウィーダ（著）榊原 晃三（訳）ラベリー・M・ジョーンズ（絵）

『キリスト（おもしろくてやくにたつ子どもの伝記12）』 ポプラ社　谷 真介（著）

小学校高学年以上

左 **『ギリシア神話』** のら書店

石井 桃子（編・訳）富山 妙子（絵）

右 **『ハムレット（シェイクスピア名作劇場《げきじょう》）』**

あすなろ書房

斉藤 洋（文）佐竹 美保（絵）

中学生以上

左 **『聖書物語』** 岩波ジュニア新書

山形 孝夫（著）

右 **『シェイクスピア物語集』** 偕成社

ジェラルディン・マコックラン（著）金原 瑞人（訳）

ひらいたかこ（絵）

高校生以上

『ハムレット』 新潮文庫

ウィリアム・シェイクスピア（著）福田 恆存（訳）

高校生は、名作戯曲《ぎきょく》をそのまま読んでみよう！「ハムレット」はシェイクスピアの四大悲劇《ひげき》の一つ。他の3作品『オセロー』『リア王』『マクベス』も読んでみてね。

どう？　ボクの図書案内、役に立ったかな？　みんなの本棚《ほんだな》にたくさんの本が並《なら》んだ頃《ころ》、ボクがにょろっと遊びにいっちゃうかも。

ではまた、お会いできるその日まで、さようなら。

「本の虫」より

おわりに

秀才《しゅうさい》教育から天才教育へ！　心に優《やさ》しさの種《たね》をまく時代

最後《さいご》まで解《と》いてくださって、ありがとうございました。なにもないところから言葉を立ち上げるのは難《むずか》しいことですけれど、想像力《そうぞうりょく》を掻《か》き立ててくれるアートの力を借《か》りれば、自分の中から言葉を引き出すことが容易《ようい》になり、アイデアも湧《わ》いてくるということ、ご体感いただけたかと思います。

実際《じっさい》書いてみるとわかるのですが、**「作文」ほど頭を使う作業はそうそうありません。**どんなことを書こうか？　と懸命《けんめい》に思考を巡《めぐ》らせ、言葉のチョイスや並《なら》べ方を判断《はんだん》し続《つづ》ける。そうして、**自分の考えが正確に伝わる表現を練り上げていくプロセスこそが、思考力・判断力・表現《ひょうげん》力などの新学力を驚《おどろ》くほど伸《の》ばしてくれる**のです。にもかかわらず、日本では作文教育が軽んじられ、満足《まんぞく》に文章も書けない子どもたちに熾烈《しれつ》な暗記勉強を強《し》いて、これからの時代に必要な思考力や創造《そうぞう》性を萎縮《いしゅく》させています。

ですがもう、同じ知識《ちしき》をみんなで覚《おぼ》え、偏差値《へんさち》を競いましょう！という「秀才《しゅうさい》教育」偏重《へんちょう》の時代は終わりました。世界はいま、**生まれ持った才能《さいのう》をいち早く見つけ、それを世界に通用するレベルにまでとことん伸ばす「天才教育」の時代に突入《とつにゅう》しています。**そして、そんな天才の素養《そよう》として必須《ひっす》になるのが、自分の価値《かち》を言語化して社会に発信していく「母国語力」です。

また、国語力は、人の気持ちに共感し、その背景を想像してあげられる力でもあり、「優しさの泉源《せんげん》」といえます。多様な人々《ひとびと》と協働《きょうどう》し、新たな価値を創造していかなくてはならないこれからの時代、子どもたちの心には「競い合い」でなく「優しさ」の種をまいてあげなくてはなりません。「自分と価値観のちがう人にも、また別《べつ》の正義《せいぎ》がある」と思える優しさを全ての子どもたちが持てたとき、世界はきっと平和になるのだろうと思います。

戦争《せんそう》やテロに苦しむ人たちに、明るい光が射《さ》す年になるといいな。そんなことを切に祈《いの》りながら、このドリルを作りました。編集《へんしゅう》の労をお取りくださった、かんき出版《しゅっぱん》の今駒菜摘《こんまなつみ》さんにこの場をかりて厚《あつ》く御礼《おんれい》申し上げます。また、お教室で言葉を紡《つむ》ぐ時間を一緒《いっしょ》に楽しんでくれた生徒《せいと》さんからも、今回沢山《たくさん》のインスピレーションをいただきました。いつも本当にありがとう。

言葉には、輝《かがや》く未来《みらい》を創造する力があります。このドリルがみなさまの未来を、ほんの少しでも良《よ》い方向に変える力となりますように。

2024年（令和《れいわ》6年）元旦《がんたん》　イデア国語教室　主宰《しゅさい》　久松由理《ひさまつゆり》

「ネーデルラントの諺《ことわざ》」ピーテル・ブリューゲル（父）

問題は8ページへ

「牛乳《ぎゅうにゅう》を注ぐ女」ヨハネス・フェルメール

問題は22ページへ

「アルルの部屋（アルルの寝室《しんしつ》）」

問題は32ページへ

「オフィーリア」ジョン・エヴァレット・ミレー

問題は86ページへ

「キリスト昇架《しょうか》」ピーテル・パウル・ルーベンス

問題は94ページへ

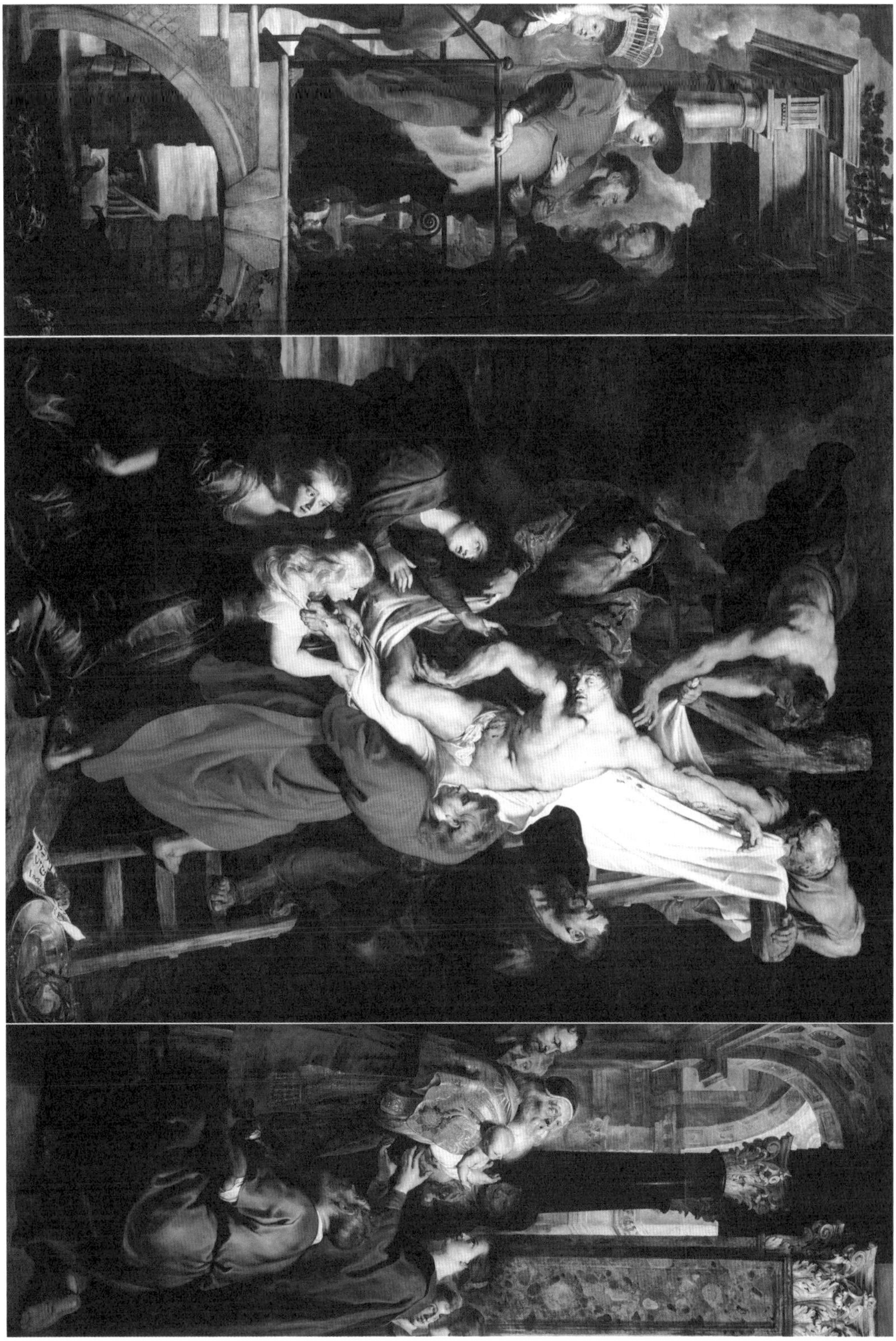

「キリスト降架《こうか》」ピーテル・パウル・ルーベンス

問題は94ページへ

著者紹介

久松　由理（ひさまつ・ゆり）

◉——合同会社イデア代表。イデア国語教室主宰。若者の国語力が年々低下していくことに危機感を抱き、正しく読み書きができる子ども、自分の頭で考え抜く子どもを育てようと、2010年に読書と作文の個別指導塾を開く。元報道記者の経験から編み出した「文章力開発メソッド」と「観察力トレーニング」で生徒たちの記述力・読解力を大躍進させ、6人分の机しかない小さな教室から、全国の名だたる難関校に続々と合格者を輩出。哲学対話やアートを用いて「非認知能力」と「新学力」を磨き、論理的文章が書ける子を育て上げるユニークな授業は新入試にも強く、慶應義塾大学AO入試や国立医学部総合型選抜など、高い記述力を要する特別選抜で88％を超える合格率を誇る。

◉——現在は東京・三田校と高知校を拠点に国語の個別指導を行う傍ら、「幸せになるための国語」を広める講演活動や、企業の新人研修などを行っている。

◉——著書に『国語の成績は観察力で必ず伸びる』（かんき出版）がある。

10歳《さい》からの考《かんが》える力《ちから》を伸《の》ばす　名画《めいが》で学《まな》ぶ作文《さくぶん》ドリル

2024年２月19日　　第１刷発行

著　者——久松　由理
発行者——齊藤　龍男
発行所——株式会社かんき出版
東京都千代田区麹町4-1-4 西脇ビル　〒102-0083
電話　営業部：03(3262)8011㈹　編集部：03(3262)8012㈹
FAX　03(3234)4421　　振替　00100-2-62304
http://www.kanki-pub.co.jp/

印刷所——シナノ書籍印刷株式会社

ISBN978-4-7612-3112-5 C6081